实战筹码分布
——从选股到买卖时机全攻略

李洪宇 编著

清华大学出版社
北京

内 容 简 介

本书在借鉴前辈理论的基础上,对筹码学进行了全新的解读,并通过200余幅图,深入浅出地介绍了筹码理论的全部内容和股市投资中的买卖技法。

本书以同类书少有的连续图的形式为读者深刻剖析了主力利用筹码做盘的手法;从细节入手,为读者展现了筹码发散与汇聚的全过程,并独家披露了全新的波段操作方法,同时还提出了利用筹码对选股结果进行验证的思路与构想,为筹码学应用于实战提供了全新的思路与技巧。

本书兼顾了不同投资群体的需求,无论是新股民还是老股民,都从本书中得到某种程度的借鉴。本书为读者介绍了选牛股的方法及验证的手段,希望能助您慧眼识珠,精选牛股。

本书封面贴有清华大学出版社防伪标签,无标签者不得销售。
版权所有,侵权必究。举报:010-62782989,beiqinquan@tup.tsinghua.edu.cn。

图书在版编目(CIP)数据

实战筹码分布:从选股到买卖时机全攻略/李洪宇编著.—北京:清华大学出版社,2017(2025.6重印)
ISBN 978-7-302-45220-1

Ⅰ.①实… Ⅱ.①李… Ⅲ.①股票投资-基本知识 Ⅳ.①F830.91

中国版本图书馆CIP数据核字(2016)第264052号

责任编辑:刘志彬
封面设计:汉风唐韵
责任校对:宋玉莲
责任印制:宋　林

出版发行:清华大学出版社
　　网　　址:https://www.tup.com.cn, https://www.wqxuetang.com
　　地　　址:北京清华大学学研大厦A座　邮　编:100084
　　社 总 机:010-83470000　邮　购:010-62786544
　　投稿与读者服务:010-62776969, c-service@tup.tsinghua.edu.cn
　　质量反馈:010-62772015, zhiliang@tup.tsinghua.edu.cn
印 装 者:天津鑫丰华印务有限公司
经　　销:全国新华书店
开　　本:170mm×240mm　印　张:16.5　字　数:220千字
版　　次:2017年1月第1版　印　次:2025年6月第7次印刷
定　　价:39.00元

产品编号:069862-01

Preface 前言

2015年的中国资本市场注定是不平凡的。

这一年,沪港通开通了,人们不必再为不能参与港股的投资而抱怨;这一年,股灾发生了,人们再次看到了大盘的跌停,更参与创造了"千股跌停"这个崭新的词汇;这一年,账户放开了,人们可以像主力一样,拥有20个自己的账户,但发现资产缩水了;这一年,指数是上涨的,但好多新股民却被称为"韭菜"让主力收割了。

这一年开始,资本市场的风起云涌、万千变化是众多老股民、无数新股民都预料不到的。我们无法想象,爆发股灾的中国股市会被称为"结构性牛市"行情,究其原因,是市场当中的游戏规则正在发生翻天覆地的变化,那种依靠老眼光、旧思维的模式已经被新经济击得荡然无存。在"互联网+"风起云涌的今天,在全面创业的时代背景下,新经济、新产业、新思维已经开始在中国股市显现它们的力量。如果我们还在抱残守缺地守着老观点、用着旧技术,注定享受不到结构性牛市的喜悦,只能分享千股跌停的悲惨。

是时候改变了,既然市场在变,主力手法在变,我们也要因时而变。正是考虑到时代与社会的改变、市场和参与群体的改变,我们编写了这本《实战筹码分布——从选股到买卖时机全攻略》,目的就是希望能在较短时间内,让"80后""90后"这一代新股民掌握一门新的实用性的技术,帮助他们快速提高自己的投资水平,满足他们迫切参与市场的愿望。

筹码学是一门新兴的操作学科,是国人自主创建的操作体系,它从成本出发的角度刚好适应正在快速发展,但制度与体系还不健全的中国股市;筹码学包含的内容也适合投资理念不成熟、投资技巧匮乏的中国股民。

筹码的交易是对等的,筹码的数量是固定的,但筹码的玩法却是不一样的。有一副好牌不见得有好的结果,抓到一副烂牌,也不意味着会输,这其中的缘由就在于如何使用手中的筹码。

筹码意味着成本,而成本,则是市场当中的一张底牌。

在看不见对手的资本市场,谁能知晓对手的底牌,谁就能占据主动,掌握胜局。

筹码理论从诞生的那一天起,就被赋予了这样的使命,即通过筹码的流动与汇集,来知晓对手的意图与成本。

《实战筹码分布——从选股到买卖时机全攻略》一书在借鉴前辈理论的基础上,对筹码学进行了全新的解读,从第1章的筹码理论基础知识到第5章的筹码选股,用了200余幅图,深入浅出地为读者介绍了筹码理论的全部内容。无论是零基础的新股民,还是对筹码学有一定了解的老股民,在本书中都能找到需要的内容。为了突出筹码操作的实战性,本书以同类书少有的连续图的形式为读者深刻剖析了主力利用筹码做盘的手法;从细节入手,为读者展现了筹码从发散到汇集的全过程,并从实战角度出发,独家披露了作者利用远期和近期筹码打造出的、全新的波段操作方法的研究心得,同时还提出了利用筹码对选股的结果进行最终验证的思路与构想,为筹码应用于实战提供了全新的思路与技巧。

筹码就像水一样,始终处在流动当中,不断地变化反而是它唯一不变的特点，因此读者在阅读以及使用本书介绍的技巧的时候，始终要以一种动态的眼光来观察筹码的变化，如此方能洞彻玄机，一叶知秋。

随着中国资本市场的逐步放开，中国股市与国际接轨的步伐日益加快，在未来的日子里，"深港通""新兴战略科技板"等重大事件还会在资本市场上上演。如何适应资本市场的"新常态"，分享经济转型与国企改革这一资本盛宴，已经成为普通投资人重要的课题。希望《实战筹码分布——从选股到买卖时机全攻略》一书能在技术分析领域带给大家一种全新的思考，在您个人财富不断增值的路上让您有所借鉴、对您有所帮助，这是我们最大的心愿。

编　者

Contents 目 录

第1章 筹码理论基础知识

1　　1.1　筹码理论的起源

3　　1.2　筹码分布的原理

6　　1.3　筹码分布图的构成

12　　1.4　筹码分布图的作用

30　　1.5　筹码的发散形态

41　　1.6　筹码集中度

第2章 成本指标

52　　2.1　系统自带成本指标简介

55　　2.2　强筹码引力指标（PAVE）

74　　2.3　市场成本指标（MCST）

91　　2.4　成本均线（CYC）

102　　2.5　双线合璧（MCST＋CYC）

第3章 筹码实战技法

110　　3.1　换手的相关知识

116　　3.2　筹码分布形态

| 121 | 3.3 | 筹码分布实战 |

第4章　波段绝技

164	4.1	缩图
174	4.2	获利比例的奥秘
187	4.3	平均成本看空间
194	4.4	筹码周期
200	4.5	历史换手衰减系数
203	4.6	打造波段利器

第5章　筹码选股

213	5.1	指数
219	5.2	板块
224	5.3	板块优选
232	5.4	个股选择
236	5.5	个股验证

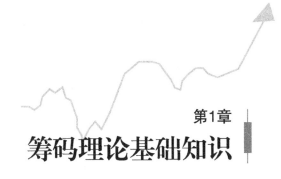

第1章
筹码理论基础知识

筹码,通常指一个人具有的可以用作谈判条件的本钱,后来被引入博彩行业,作为一种用来计算赌资的工具,便于资金在赌场内流通。

筹码意味着成本,而成本,则是市场当中的一张底牌。在看不见对手的资本市场,谁能知晓对手的底牌,谁就能占据主动,掌握胜局。筹码理论从诞生的那一天起,就被赋予了这样的使命,即通过筹码的流动与汇集,来知晓对手的意图与成本。本章我们一起来学习筹码的基础理论。

1.1 筹码理论的起源

在世界范围内,只有中国人将持有流通股票的数量叫作筹码,其潜台词就是如赌场一样,在二级市场上随时随地可以变现流通。顾名思义,筹码也就是流通股票的数量,在不同价格之间分布的情况就叫筹码分布。严格地讲,筹码分布准确的学术名称应该叫"流通股票持仓成本分布",而筹码分布所构成的图形就叫作流通股票筹码分布图。

如图 1-1 所示,这是浦发银行(600000)2015 年 8 月至 2015 年 11 月的日线图。图的最右侧部分,就是该股票这一时段内的筹码分布图。在证券分析软件中,筹码分布图被放置在 K 线图的右边,并且和 K 线图使用同一个坐标系,以保证筹码和价格的完整性。当大量的流通筹码集聚在一起的时候,图中的筹码分布看上去就像一个侧置的群山图案。这些山峰实际上是由一条条自左向右的线堆积而成的,每个价位区间拥有一条代表持仓量的横线,持仓量越大则横线越长。这些长短不一的筹码线堆积在一起,就形成了高矮不等的山峰状态,同时也就形成了我们看到的筹码分布的形态。

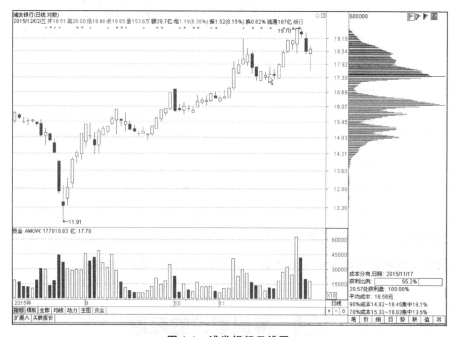

图 1-1　浦发银行日线图

需要说明的是,本书图例采用的筹码分布图全部来自通达信证券投资分析软件,其他版本的证券投资分析软件设置的筹码分布图的画面结构可能与本书略有差异,但内在的机理是完全一样的,这一点读者大可放心。

股市技术分析的方法林林总总,但绝大部分理论基础均来源于国外,即便是国内一些人士标榜的所谓原创理论,基本上也都是以国外的技术分析体系为基础,包装上国内的具体应用,归根到底还是国外理论的一种延伸与变异,我们只不过是"拿来主义"而已。

为了突破这种格局,市场上的一些有识之士做了不懈地努力和探索,以改变这一现状。在这个过程中,有三个人做出了突出的贡献,他们就是市场投资人士雪峰、中科院研究员陈浩和杨新宇博士。

雪峰老师是筹码理论的鼻祖,他结合多年的投资经验,并针对中国股市的特点,率先提出了用筹码成本的变化对股市进行研判的设想。1996年6月,陈浩和杨新宇分别在不同的软件上面创建了成本均线。这种用均线的形式表现筹码成本变化轨迹的方法,就是筹码理论的雏形,他们三位也因此成为筹码理论的创始人。

成本均线虽然开创了成本分析的先河,但在实战中也有一些局限。为此,专业技术人员根据成本均线的统计原理,经过一年多的努力,终于在1997年的7月设计出了筹码分布图形。筹码分布图形是用数据模型图的形式直观地将不同成本的筹码通过软件展示出来,它的出现开辟了股票技术分析领域的新空间,其理论技术分析体系具有划时代的意义。

筹码理论的框架是:以流通筹码的不同持筹成本为研判对象,通过持筹成本的变化规律,发现主力大资金的踪迹和动向,进而对大盘和个股的中短期变化趋势进行研判。筹码理论摆脱了以往技术分析体系中过于依靠K线、均线以及指标的思维束缚,向投资者揭示了这样一个道理,即市场的变化与不同不过是不同的人在不同的时间用不同的价格在进行筹码交易,股市的交易实质上就是一个筹码交换的过程。如果说K线和不同时间周期的均线反映的是股票价格走势变化的表象,那么筹码成本的变化才是市场交易的内在根源。在研发成功后,陈浩老师辞去公职,在北京创办了"指南针投资公司",开始在全国大力推广他的"指南针证券分析软件"。

1.2 筹码分布的原理

筹码理论的基础应该说是很简单的。"筹码分布"的市场含义就是将历史上在每个价位成交的量叠加起来,并以此来判断当前市场上所有流通股的持仓成本。当然历史上成交中的一部分会在后面的交易日中被抛出,也就是说不能简单地将以前的成交累积到现在,而应该有一定的衰减。这个衰减的比例也就是每天的换手率。

比如有一只股票,他有10 000万股(1亿)的流通盘,第一天以均价10元的价格成交了500万股,也就是5%的换手率;该股第二天以均价11元又成交了300万股,也就是3%换手率,那第一天的500万股成交量怎么样了呢?这里我们假定,第一天的500万股在第二天同样以11元发生了3%的换手,那么第一天以10元成交的500万股就应该还剩下 $500 \times (1-3\%) = 485$ 万股;如果第三天该股以均价12元又成交了400万股,也就是4%的换手,那么可算出现在的筹码分布是:10元筹码为 $500 \times (1-3\%) \times (1-4\%) = 465.6$ 万股,11元的筹码为 $300 \times (1-4\%) = 288$ 万股,而12元的筹码则是当天发生的真实交易,即成交400万股。

如果光凭文字来叙述筹码分布的变化可能不便于大家快速地理解,为方便起见,我们做了一张图,希望可以帮助大家理解筹码的动态变化,让读者更准确地理解它的含义。

如图1-2所示,这就是筹码在不同日期的动态变化。

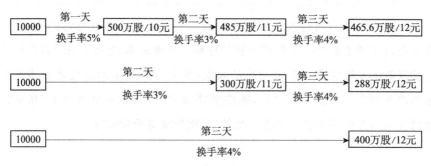

图1-2 筹码动态变化

按照这个逻辑,如果我们以此类推,就可以理解筹码在其他日期发生的变化了。将这种变化通过技术手段处理并采用一定的形式表现出来,就是大家在证券投资分析软件上面看到的筹码分布图。

关于筹码变动的原理部分我们就简单介绍到这里，上述的内容仅仅是筹码理论中关于筹码转换的粗浅内容，其目的就是让读者了解到在市场当中，筹码始终处在一个动态的交易变化状态。大家在阅读本书后，对书中介绍的技巧要有一个动态的观念。其实真实的筹码，如果换成一家上市公司，如图1-1所示的浦发银行，那么其筹码价位的分布其实是相当广泛的。

如图1-3所示，我们再来看一下浦发银行（600000）的筹码分布图。

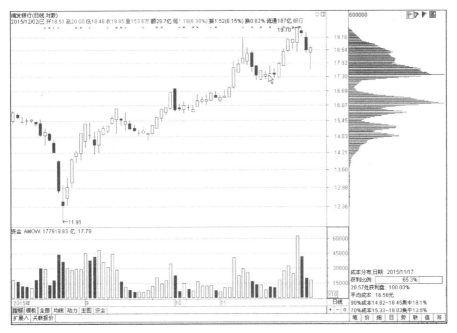

图1-3 浦发银行筹码分布

在浦发银行的这张筹码分布图上，我们可以很清楚地看到右侧的筹码分布形成了明显的山峰，而且图中的筹码还有蓝、红两种不同的颜色。这些都意味着什么？我们又能通过这样的筹码分布图读出哪些信息？当打开证券分析软件，调出手上持有股票的筹码分布图时，我们又该从何处下手去观察它？最重要的是，筹码分布图能在实战中给予我们怎样的帮助？相信不少朋友对这些问题都会有种种的疑问。不要紧，既然本书是侧重于筹码实战的技术书籍，这些疑问就是我们必须回答的，现在就请跟我来吧。

1.3 筹码分布图的构成

打开任意一款证券投资分析软件(本书使用通达信软件进行说明),调整到K线分析图的界面下,单击右下角明细成交下"筹码"字样的菜单,就能进入筹码分布图的界面。

1.3.1 筹码分布图

我们还是以之前提到过的浦发银行为例进行一下说明。

如图1-4所示,这是浦发银行(600000)的筹码分布图。在这张筹码分布图的上面,默认界面下有蓝、红两种颜色线段组成的筹码峰,此外还有一条灰色加粗、在全部筹码峰中最长的线段。它们代表的含义如下。

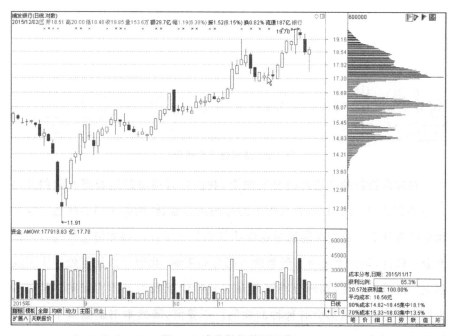

图1-4 浦发银行筹码分布

（1）筹码分布图中，最长的、灰色加粗的线条代表当日价格产生的筹码交易。

（2）红色线段组成的筹码峰，代表的是获利筹码。

（3）蓝色线段组成的筹码峰，代表的是套牢筹码。

筹码峰的高低代表筹码处在何种价位，而组成筹码峰的长短不一的横线，则代表不同价位上筹码堆积的数量。筹码在一个价位上堆积得越多，筹码峰线段的长度则越长。

1.3.2 火焰山

在整个筹码分布图中，可以显现一只股票从上市以来到任何时间点上所有筹码的移动变化过程。这一点虽然便利，可以让我们直观地观察筹码的变动情况，但筹码只是随着价格的变动而变动，而在整个筹码分布图上，我们却无法得知筹码是在什么时间上移动的。也就是说，筹码分布图还无法反映筹码与时间的关联性，自然也就无法知道在整个筹码分布图中筹码的沉淀情况和筹码的活跃情况。

为了进一步反映筹码的时间性，产生了新的移动成本分布——火焰山。

火焰山的含义是：在筹码的价格特性以外，引入了筹码的时间特性，以颜色的不同区别不同时间的筹码。

火焰山很好找，在任何一张筹码分布图上都有几个图标，其中带有火红色的那个图标就是火焰山。我们用图来说明一下。

如图1-5所示，这是一张火焰山筹码分布的全景图，其中箭头所指的图标就是火焰山。

火焰山是不同时间范围内筹码分布形态在不同价位的反映。火焰山的筹码分布周期，也就是火焰山的时间范围，投资者可以根据自己的喜好来加以调整，调整后的火焰山会以指定周期天数显示移动筹码和平均成本。

火焰山显示的是N日前的不同时间周期的成本分布，系统自带的火焰山时间周期分别是5日、10日、20日、30日、60日和100日，它们分别代表各自时间周期前的市场成本。如果利用证券投资分析软件观察，可以看到火

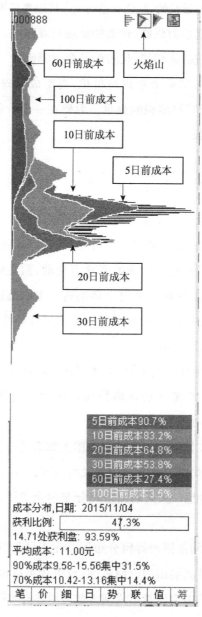

图1-5 火焰山

焰山的色彩是由大红色到金黄色,时间越短,颜色越红,时间越长,颜色越黄。但书籍在黑白印刷的时候很难将不同的色彩完全显现出来,所以我们在这里采用变通的方法,即根据不同的时间周期,标注不同的筹码峰。一般来说,时间周期越短,就越能反映近期的筹码分布,筹码峰就越长;而较长的时间周期,反映的则是远期的成本分布,筹码峰则越短。

我们根据图 1-5 中显示出的信息,按照时间周期的长短对不同的筹码峰进行了罗列:

中间最长的筹码峰是 5 日之前产生的筹码分布;

相对较长的筹码峰是 10 日之前产生的筹码分布;

与 10 日筹码峰相差无几的筹码峰是 20 日之前产生的筹码分布;

图形最下面比较突出的筹码峰是 30 日之前产生的筹码分布;

图形上面最左侧的是 60 日之前产生的筹码分布;

从图形顶端开始,60 日筹码峰外侧的筹码是 100 日之前产生的筹码分布;

需要特别指出的是,由于各个时间段的筹码存在相互叠加的现象,所以不同时间周期形成的筹码峰是相互叠加的。在图 1-5 中,读者可以很清楚地看到这一现象。例如:代表 10 日前的成本峰叠加在了 5 日前形成的筹码峰上。也就是说,5 日前真实的筹码峰包含的区域应当是 5 日筹码峰和 10 日筹码峰外廓所包含的区域,从这里我们也可以观察到筹码搬家的大概情况。

1.3.3 活跃度

活跃度表示的是 N 日内的不同时间周期的成本分布,同火焰山一样,系统自带的活跃时间周期也是 5 日、10 日、20 日、30 日、60 日和 100 日,它们分别代表各自时间周期内的市场成本。活跃度同样是不同时间范围内筹码分布形态在不同价位的反应。活跃度的筹码分布周期,即时间范围,投资者可以根据自行的喜好来加以调整,调整后的活跃度会产生以指定周期天数显示的移动筹码和平均成本的效果。为了方便读者阅读,我们还是通过对筹码峰的标注,让大家看得更加清楚一点。

如图 1-6 所示,这就是活跃度筹码分布的全景图,火焰山右侧的图标就是活跃度。如果利用证券投资分析软件观察,其色彩应该是由浅蓝色到接

图1-6 活跃度

近于黑色的深蓝色,时间越短,颜色越浅;时间越长,颜色越深。考虑到黑白印刷的问题,我们这里就不对活跃度进行特别的说明了,感兴趣的读者可以自行打开软件,将系统与文字进行对照,理解应该并不难。这里我们根据图

1-6 中显示出的信息,给出活跃度上不同颜色对应的不同的成本分布,让大家有直观的认识。

浅蓝色代表 5 日内产生的筹码分布;

蓝灰色代表 10 日内产生的筹码分布;

淡蓝色代表 20 内产生的筹码分布;

海蓝色代表 30 日内产生的筹码分布;

深蓝色代表 60 日内产生的筹码分布;

蓝黑色代表 100 日内产生的筹码分布。

需要特别指出的是,活跃度与火焰山一样,由于各个时间段的筹码存在相互叠加的现象,所以活跃度反映筹码的色彩图也是相互叠加的。

通过上面的介绍,细心的读者可能会发现活跃度与火焰山在设计结构、时间周期等方面有很多相类似的地方。事实确实如此,活跃度与火焰山二者之间确实有很多的相同点,我们简单罗列了一下。

(1)活跃度与火焰山都可以显现一只股票从上市以来到任何时间点上所有筹码的移动变化过程。

(2)活跃度与火焰山一样,都把时间这一概念引入了筹码分析中,从而让筹码有了时间特性。

(3)活跃度与火焰山一样,都以不同的颜色区分不同时间段的筹码,以此反映不同时间周期下筹码的变化情况。

(4)活跃度与火焰山一样,投资者都可以根据自己的喜好对时间参数加以调整,调整后的活跃度会产生以指定周期天数显示移动筹码和平均成本的效果。

总结完相似的地方,下面我们说一下活跃度与火焰山不同的地方。活跃度与火焰山最大的不同点,就是火焰山反映的是设定的时间周期前的筹码移动变化情况,而活跃度反映的则是设定的时间周期内的筹码移动变化情况。通俗地讲,火焰山反映的是远期的市场筹码成本;活跃度反映的是近期的市场筹码成本。举例来讲,一名短线投资者可能更关注一只股票短周期内的筹码分布情况,希望以此帮助自己对这只股票未来的短线行情做出研判。假设他观察火焰山的5日时间周期,上面显示5日前的市场成本集聚度是90%。当他再观察活跃度的5日时间周期时,上面显示5日内的市场成本集聚度仅仅是10%,那就说明这只股票5日内并没有主力机构的关照,资金在其上面流入得不多,可想而知,其后市短线爆发的可能性就不是很大。如果要短线进入,除了需要加倍小心之外,还要在买入时提前设好止损位。

1.3.4 其他相关知识

获利比例指的是当前价位上市场获利盘的比例。获利比例越小,说明当前状态下较多的投资者处于亏损状态;反之,则说明当前状态下较多的投资者处于盈利的状态。

获利盘指的是当前价位上,持股的投资者当中获利盘的数量。

90%的区间指的是投资者在市场当中持有一定数量的股票,其持股成本是不尽相同的。90%的区间反映的就是市场上绝大多数投资者的持仓成本。

浮动筹码指的是最为接近当前价格,投资者手中持有的筹码。因为投资者持有股票的成本与当前市场价格越接近,交易的意愿就越强烈,交易的行为就会越频繁,因此流动性就越强,所以称为浮动筹码。

1.4 筹码分布图的作用

一只股票,如果从它上市的第一天就跟踪它的筹码变化,就会直观地发现主力在其中留下的运作痕迹,以及主力持仓成本的变化情况。当然,除此之外,也可以看到在什么价位还留下一堆套牢筹码,毫无疑问这就是未来的阻力;还可以看到在某个地方,任凭股价上蹿下跳,筹码就是牢牢锁死不动,毋庸置疑,那就是主力的底仓。市场上,筹码时刻都在跟随价格的变化而变化,一旦筹码不变,就要提高警惕,或许那些就是套牢的死筹,或许那些就是主力最初建仓的区间。总结下来,筹码分布图的作用体现在以下几方面。

(1) 判断股价见顶或见底。

(2)把握主力进出信号。
(3)掌握主力仓位情况。
(4)判断主力真实意图。

下面就让我们一一为你揭秘。

1.4.1 判断股价见顶或见底

筹码峰,顾名思义,就是市场当中的流通筹码大量地在一个区间内堆积,从而让筹码形成了山峰的模样。这种筹码的大量堆积如果是在高位,毫无疑问,最终会有获利的人想要获利了结。这种传导效应一旦形成,必将在短时间内造成大量抛盘涌出,最终决定性地压倒买盘,从而让股价飞流直下。按照股市"一赚二平七亏"的定律,能够在高位获利的,一定是主力的行为。

如图1-7所示,这是方正证券(601901)2015年3月至2015年9月的日线图。图中可以清晰地看到,在十字光标定格的那一天,也就是2015年4月

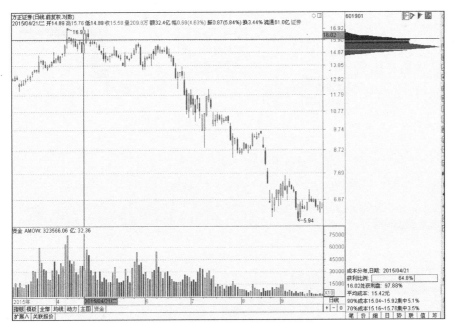

图1-7 方正证券日线图

21日,该股右侧的筹码分布图在高位形成了一个可怕的密集峰。密集峰的下面空空荡荡的一无所有,这表明所有的筹码都已经在高位集聚,一旦筹码松动,后果将十分可怕。

看到这里可能有的读者还不是十分相信。不要紧,我们跟随股价的运行节奏看一下该股筹码的变化情况,如此就可以一目了然了。

如图1-8所示,这是以方正证券(601901)2015年6月26日作为定格点所截取的筹码分布图。我们看到在这一天,股价以跌停板的方式跌破了长达3个月的高位整理区间,确认了头部。此时观察该股右侧的筹码分布图,你会吃惊地发现,筹码分布图上几乎没有一点红色的获利筹码,全部是蓝色的套牢筹码,并且这些套牢筹码很规则地形成了三个依次缩短的筹码峰,这表明最高处套牢的人最多,中间其次,而下面最少。是什么人将高位获利的筹码全部抛了出去,又是什么人在如此的高位做了"解放军",开始担负起站岗放哨的责任,答案是显而易见的。

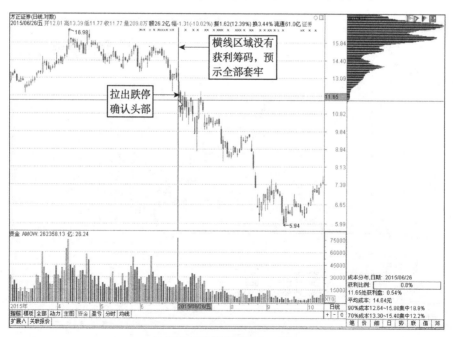

图1-8 方正证券筹码分布图

获利巨大的主力利用3个月的时间,采用震荡出货的方式将筹码清空,并最终确立了该股的头部。主力既然决心已下,当然是义无反顾、绝不回头,这也能解释为什么该股能从16.98元的高位一直跌到5.94元。由此可见,筹码分布能帮助我们准确地判断出何处是顶部。哪怕我们买在顶部,只要能止损出局,也可避免后面65%的巨大跌幅。

说过了顶部,下面我们通过案例为大家介绍一下底部的筹码特征。

如图1-9所示,这是中铁二局(600528)2014年12月至2015年3月的日线图。

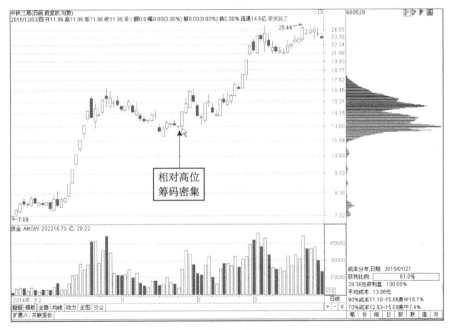

图1-9 中铁二局日线图

我们看到该股在前面借助"高铁"题材已经强力拉升了一波。在图中箭头所指的这一天,即2015年1月27日,我们看到股价已经到了一个相对的高位。尽管如此,我们通过该股右侧的筹码分布图,可以发现此时筹码形成了一个密集态势,而上方蓝色的套牢筹码不是很多,并且大都集中在这个区间。这表明只要股价能有效突破这个价位,上方的阻力依然很小。既然阻力不大,控盘的机构拉升起来当然毫不费力,我们看到该股随后继续放量上涨,股价轻松翻倍。

请大家不要忘记,这只是我们随意截取的一个例子,它的底部不过是一个相对的底部,并非那种历史大底。实战中我们很难完全捕捉到一只股票的绝对底部,大部分时间都是在一个相对的调整低点就考虑是否进场了。这个时候,如果筹码分布图能形成密集的山峰形态,其实已经有相当的胜算了。

1.4.2 发现主力进出信号

投资人在市场当中经常听到的一句话就是打压建仓。打压,意味着股价依然在下跌;建仓,说明主力开始默默地收集筹码。实战中,打压建仓是主力机构最常用的手段,也是散户最难防范的手段。因为这种建仓方式成本最低廉,主力机构可以在投资者依然惶惶不可终日的焦虑情绪中拿到大量廉价的筹码而不被发觉。笔者十余年的实战经历,还没有看到哪一个散户说他要跟随主力打压建仓的,如果有这样不差钱的人,那么他也就脱离了散户的范畴了。不管主力机构如何打压建仓,当他们认为收集的筹码已经足可作为底仓使用时,资本的趋利天性必然让他们做出某种动作,阻止股价继续下跌。股价若是在一个相对狭小的价格区间范围内震荡,必然导致这个价位区间筹码数量的堆积,如此一来,再狡猾的主力也会露出马脚。

如图 1-10 所示,这是前面用过的方正证券的示意图。我们看看在该股的下跌过程中,如何发现主力进场的信号。

股价在跌破头部后经过深幅下跌来到了图中箭头所示的位置,此时对照右侧的筹码分布图可以看到,获利筹码微乎其微,留下的只有上方层层叠叠的套牢盘。这些套牢盘分布在不同的位置,这说明在连续下跌的时候,有人在头部坚守阵地,有人在下跌中继时误判行情,提前进场抢反弹,结果也深陷其中。还有人不断逢低买入,想摊低自己的成本,结果再次套牢。当价格来到图中箭头所指的那一天的时候,我们看到筹码分布图上出现了和头

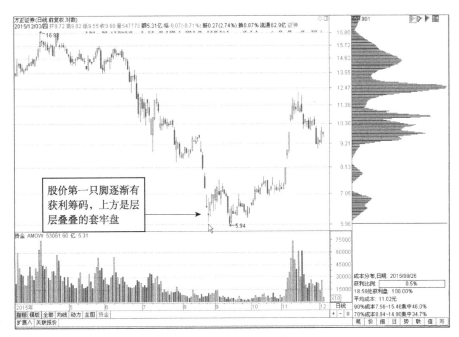

图 1-10 方正证券的示意图

部区间不一样的筹码分布，那就是在套牢盘下面逐渐有了获利筹码的存在。这部分筹码是谁的？又是谁在股价连续暴跌的时候敢逆势进场呢？这些疑问我们看过图 1-11 就都清楚了。

如图 1-11 所示，这是方正证券的后续走势图。我们看到该股在第一只脚形成后股价走出了一轮反弹，随后受阻回落，股价又被打回了原地。一上一下间价格并没有发生变化，但观察右侧的筹码分布图可以清楚地看到，获利筹码已经显著地增加了，这就清楚地表明，大量的筹码在下方被人买走了。我们知道，一只股票在一定时间内其流通盘的数量是恒定的，有人买就需要有人卖，那么谁会在股价下跌的时候进场呢？当然是主力机构了。

主力永远是趁火打劫的，当你忍受不住煎熬，卖出自己带血的筹码时，主力机构已经打枪的不要，悄悄地进村了。

看过了主力悄悄地进，下面我们再通过案例看看主力如何默默地出。

如图 1-12 所示，这是海螺水泥（600585）2015 年 2 月至 2015 年 6 月的日

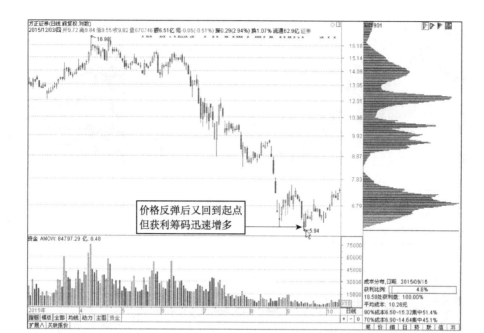

图 1-11　方正证券的后续走势图

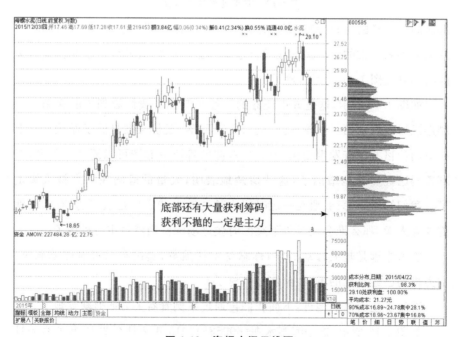

图 1-12　海螺水泥日线图

线图。观察鼠标定格那一天的筹码分布图,可以看到当时的股价已经到了一个相对的高位,但在这高高的股价下面,还有一些大量的获利筹码没有抛出。我们知道,为了观察方便,筹码的坐标和价格的坐标是一致的。如果我们以获利不抛筹码的位置引一条水平线,反映在价格上也就是19元左右,而此时股价已经达到25元了,获利幅度达到了31%。是谁在获利如此巨大的情况下依然坚守不出?不出的目的又是什么,是不是为了更高远的目标呢?我们往下看。

如图1-13所示,我们依然延续海螺水泥上面的K线图,但我们鼠标的定格点此时来到了一个更高的位置。

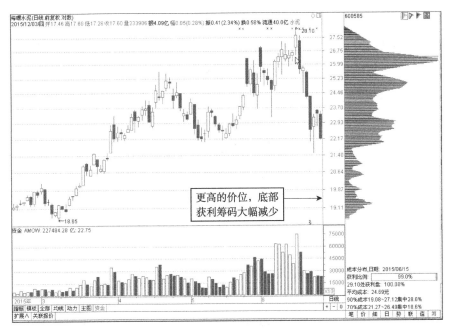

图1-13 海螺水泥K线图

这里我们可以看到,在28元的高位,上图原本存在的一些获利不抛的筹码此时开始大幅减少,说明部分筹码已经开始获利了结。获利31%,这些筹码持股不动,获利47%,这些筹码默默地消失。这一切都表明,在达到预期的目标后,任何的筹码都可以流动,只不过有的筹码目标更加高远而已。大多数散户做不到这一点,既然散户做不到,说明这些筹码必然是主力持有的,通过这两幅图,您也就能更加清楚地了解,主力是如何出局的。很简单,上涨的时候是最好的出局的时候。

1.4.3 掌握主力仓位情况

与主力共舞一直是散户梦寐以求的事情,但是做到这件事的前提是您必须知道主力什么时候来;主力进来后它的持仓情况又是怎样的;还有一点就是您的持仓成本是否与主力接近或趋同。好比主力的成本是5元,而您的成本是高高在上的20元,您如何做到与主力共舞,最现实的想法是希望主力当"解放军",先把您解套了再说。

想要做到与主力共舞,在您介入前首要的功课是了解主力的仓位情况。如何了解主力的仓位情况呢?筹码分布图就是一个很好的工具。通常情况下,想要了解主力的仓位情况,可以通过以下两种方法实现:一是倒推法;二是前推法。下面我们逐一进行解释。

一、用倒推法测量主力的仓位情况

倒推法测量主力仓位情况是一种比较简单的方法,但它的局限性在于,你想要使用这种方法,其选定的股票之前要有一段拉升行情。股票只有涨出一定的空间,您才有倒推的可能,否则倒推就无从谈起了。

下面我们通过实例为大家说明一下。

如图1-14所示,这是华帝股份(002035)2015年6月至2015年10月的日线图。图中的最右侧,从十字光标定格的那一天往回看,该股在低位整理后拉出了两个涨停板,这就为我们利用筹码分布图,运用倒推法判断主力仓位情况提供了有效的空间。

我们首先看一下筹码分布图中筹码峰的情况。前面我们提到过,为了保证筹码和价格的一致性,二者选取的坐标是一致的,也就是说,筹码峰的位置就是价格的位置。为了方便大家理解,这幅图里用一根水平横线将筹码峰和价格连接在一起,便于大家观察。在实际操作中,大家只需目测一

图 1-14 华帝股份筹码图 1

下,大体掌握就可以了。大家在软件上调取十字光标,以图中定格那一天为基准,将十字光标放到筹码峰的位置,可以读取筹码峰对应的具体价格,大概为 10.97 元,而此时筹码分布图上获利盘信息显示为 37.35%,这就是主力拉高后的仓位。

在两个涨停板后股价已经到了 13.22 元,距离筹码峰对应的 10.97 元已经有 20% 的空间了。如果是散户,面对这么大的获利空间,相信早已经出局了,但此时我们发现筹码峰依然在低位密集,并没有随着获利空间的加大而减少,说明这部分筹码并没有获利出局。获利不出一定是志在高远,相信只有主力是这样的思维,我们由此判断,这部分筹码应该是主力的。

既然判定筹码是主力的,我们就可以运用倒推法,就是将软件中的十字光标向左移动,移动到筹码峰对应价格的地方,看看那时候的筹码情况。我们往下看。

如图 1-15 所示,这就是华帝股份(002035)十字光标左移后的图。我们将光标左移到10.97元价位附近,也就是主力启动前的位置,再观察筹码分布图,此时获利盘显示为14.92%,就是说主力启动前的仓位还不到15%。如此一来就很清楚了,主力的仓位非但没有减少,相反却增加了,这就说明那两个涨停板是主力投入真金白银拉上去的,一是为了进一步地增仓,二是让自己的底仓尽快获利。主力既然敢做出如此的动作,一定是对后面的行情抱有极大的希望。如果您能做出这样的判断,您就有勇气在两个涨停板后择机进入,与主力共舞。

需要说明的是,由于作图时十字光标需要避开K线实体,因此图中显示的数字与文字叙述的数字有时可能不一致,还请大家谅解。大家可以利用自己的软件对照练习,对该方法就清楚了。

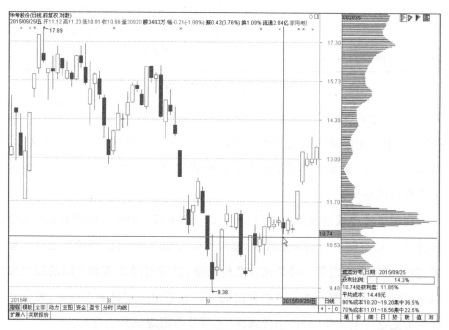

图1-15 华帝股份筹码图2

我们再往后看。

如图1-16所示,这是华帝股份(002035)后续股价运行图,即2015年10月至2015年12月。我们看到股价在连续两个涨停后略作休整,随后再次向上，一直涨到十字光标所指示的17.7元。此时获利盘显示为97.47%，即主力已经满仓全部获利了，随后股价开始震荡，有构筑双头的嫌疑了。很简单，主力要获利了结了。至于后市是否要全部兑现，主力还要根据市场当时的整体状况做下一步的决定。

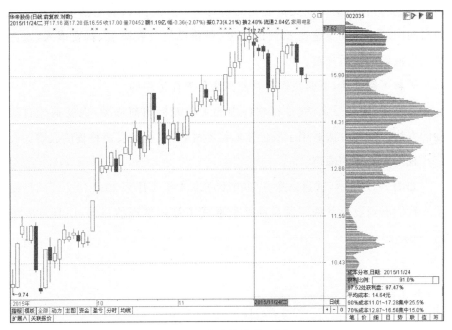

图1-16 华帝股份筹码图3

通过对华帝股份的讲解，相信大家对运用倒推法估算主力的持仓情况已经有了一个大体的了解，下面我们将倒推法的步骤整理一下，方便读者运用。

倒推法估算主力持仓的步骤有以下几方面。

（1）倒推法适用于股价在相对低位已经有过一波涨幅的股票。

（2）找到股价拉升后的一个高点。这个高点要相比拉升前的股价上涨至少20%，低于这个数值，无法判断股价的拉升是否是主力所为。

（3）用软件上的十字光标定点，记住拉升后股价高点位置时筹码分布图上获利盘的值。

（4）用键盘左移功能将十字光标左移到股价上涨前的位置，然后定点，读取此时筹码分布图上获利盘的值，并与拉升后的获利盘的值做对比。

（5）如果获利盘的比值涨幅不大，或虽然有一定涨幅，但还未达到获利80%的程度，说明主力对后市还是看好，股价还有一定的涨升空间。投资者可参考其他指标，诸如成交量变化的情况等，适当介入；如果获利盘的比值短时间内就达到甚至超过80%的幅度，股价已经处在高位，就要慎入，或许是主力波段的最后一拉。

了解了倒推法，下面我们看看前推法是怎样运用的。

前推法，顾名思义，就是将软件中的十字光标向前移动，也就是向右移动的方法。这种方法适用于股价在低位不涨，一直横盘震荡整理的股票。

我们看具体的图例。

如图1-17所示，这是京东方（000725）2014年4月至2014年7月的日线图。我们看到股价下跌一段后在低位形成了箱体整理的格局，而且该股接

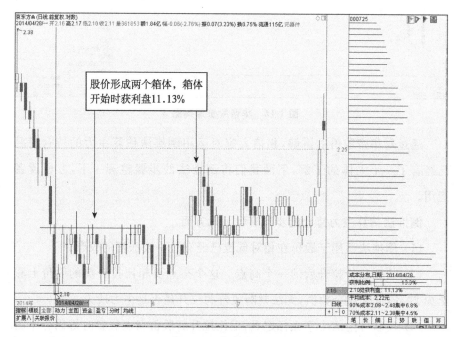

图1-17　京东方日线图

连走出了两个箱体,底部开始逐渐地抬高。我们用软件中的十字光标以第一个箱体第一根 K 线为定格基准点,此时我们看到股价右侧筹码分布图上获利盘的数值显示为 11.13%,这说明该股的主力也是刚刚进入吸筹的状态。

主力刚开始吸筹只是我们一厢情愿的判断,事实究竟如何,我们还要接着向后看,也就是将十字光标向右移动,看看横盘整理后的筹码分布情况。

如图 1-18 所示,这是京东方(000725)的股价在经过两个箱体整理后的筹码分布图。我们将十字光标向右移动到股价突破箱体时的 K 线上面,以这一天作为基准定格点,再看筹码分布图,此时筹码分布图上获利盘的数值显示为 58.59%。

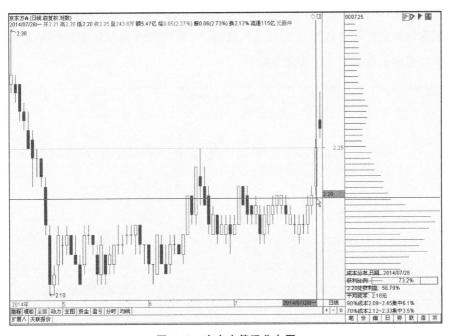

图 1-18　京东方筹码分布图

这一刻我们就理解了。股价在一个狭小的区间内反复地震荡,就是不涨,而获利盘却逐渐地增多,说明有人在刻意压制股价不让其上涨,并在其中采用来回震荡的手法折磨散户的神经,这种长达 3 个月、长时间的消耗战一般散户是受不了的。散户的特点是为了追求市场上的热点而将手中的筹码不断地轮换,能如此有耐心进行筹码搜集的只有主力。主力不是慈善家,搜集筹码的目的也绝不是锻炼耐心,而是日后获利的需要。

最后,我们看看主力在掌握了市场上近半数的流通筹码后所做出的动作。

如图1-19所示,这是京东方(000725)的周线图,其中十字光标定格的位置就是日线图中第二个箱体完成后的时间点。通过这幅周线全景图我们就能更清晰地看懂主力的意图。在十字光标定格的地方,股价右侧的筹码分布图已经在低位形成了一个密集的山峰,说明这个位置堆积了市场上大部分的筹码。主力在充分地吸货后开始推升股价,并一直将股价推升到5.81元的高位。从吸货的2.1元算起,涨幅高达176%。要知道京东方流通盘高达234亿,是典型的大象股(指流通盘庞大的股票),若没有足够的筹码支撑,实现这么大的涨幅就算主力也很难做到,究其根源就在于底部那两个箱体为后面的上涨打下了坚实的基础。

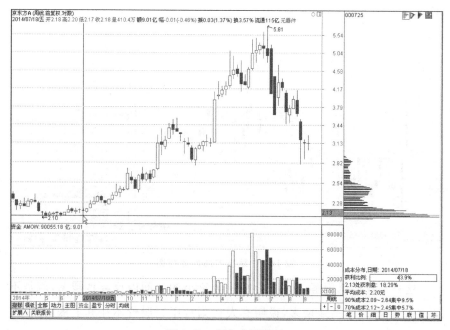

图1-19　京东方周线图

如果读者能及时发现主力的行踪并成功地搭车上轿,那时才可以骄傲地说,我们真正做到了与主力共舞。

通过京东方这只股票的讲解,相信读者对前推法估算主力持仓情况已经有了大致的了解,下面我们将这种方法的步骤整理一下,方便投资人理清思路。

(1)前推法适用于股价横盘、进行箱体整理的股票。

(2)投资人若发现股票在相对低位进行箱体震荡后,可以利用软件中的十字光标,以进入箱体的第一根 K 线为定格基准点,读取股价右侧筹码分布图上获利盘的数值。

(3)当投资人发现股价突破了箱体时,可以将十字光标定格在突破箱体的 K 线上,以其作为基准点,观察股价右侧的筹码分布图,并读取获利盘的数值。

(4)如果获利盘的比值涨幅不大,或虽然有一定涨幅,但还未达到获利 80% 的程度,说明主力前面的动作是吸纳筹码,后市应该看好,股价还有涨升空间,投资者可参考其他指标,诸如成交量变化的情况等,适当介入;如果获利盘的比值短时间内就达到甚至超过 80% 的幅度,此时要慎入,避开主力进行箱体突破后的洗盘动作,待股价缩量企稳后再择机进入。

1.4.4 判断主力真实意图

同样是操作,散户的操作就完全暴露在阳光下,一买一卖简单明了,而主力的操作就晦暗难明,其意图莫测难辨。因为主力的资金体量大,一旦将自己的操作意图暴露,极容易成为其他市场主力猎杀的对象。因此主力在市场上就需要竭尽千般计,使用万般能,尽可能地掩盖自己的操作意图。尽管如此,我们还是可以通过一些技术手段发现主力的蛛丝马迹,了解他们的真实想法,这个技术手段就是筹码分布图。

如图 1-20 所示,这是福耀玻璃(600660)2014 年 12 月至 2015 年 4 月的日线图。图中的十字光标是 2015 年 4 月 14 日,我们就是以这一天作为定格基准点。从图中可以看到，在 4 月 14 日这一天，股价到了一个高位，K 线图右侧的筹码分布图显示在高点之下有层层叠叠的获利盘，而且数量都不少。此时我们很难对股价的后续走势做出判断，因为在股价的高位，又形成了一个密集的筹码峰，加上底部筹码获利不抛必是主力筹码的判断，股价二次高位启动也不是没有可能。那么主力究竟是如何想的呢？我们往下看就可见端倪。

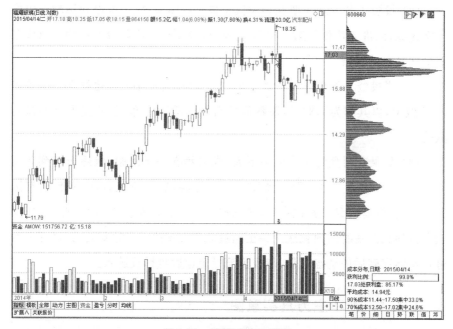

图 1-20　福耀玻璃日线图

如图 1-21 所示，这是福耀玻璃（600660）后续走势图。在前一个十字光标处之后，股价略有下降，随即再次放量，又一次来到前高处，我们就是以后面的高点 2015 年 6 月 9 日作为十字光标的基准定格点，对主力隐晦的操作意图做出判断。量价关系上我们很难做出明确的判断，因为量能显示，后顶的成交量已经超越前顶的成交量，主力有解放前期顶部套牢筹码继续向上推升股价的意图。看起来一切都很美好，但我们如果对两幅筹码分布图进行对比就可以发现，在美好的表象背后，主力有图穷匕首见的隐秘的阴谋。

第一,相对于第一幅筹码分布图,股价在第二个高点的时候,套牢筹码的数量开始明显增多,这意味着高位的换手已经频繁起来,有很多筹码开始在这个位置进行交换,筹码开始散乱。

第二,相比第一幅图中层层叠叠的底部获利筹码峰,在第二幅图中底部获利筹码峰已经开始明显萎缩,而顶部筹码峰的厚度开始增加,说明底部筹码有了向上搬家的动作,主力开始减仓。

透过这些隐晦的迹象我们可以做出如下判断:主力在第二个高点已经开始大规模地减仓。有了这样一个基本的判断,我们就能理解第二个高点放量的含义,那就是通过高位的换手,主力大幅获利的底仓已经出局,未来的股价走势决不能乐观看待。当然,鉴于主力还没有完全将筹码出清,股价在下降一段后还会做出一段反弹,借机二次拉高出货。

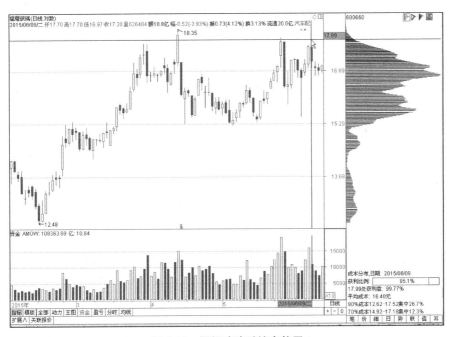

图1-21 福耀玻璃后续走势图

如图1-22所示,这是福耀玻璃(600660)终极走势图。股价在上图的十字光标后开始展开下跌,并在箭头所示的地方做出拉高的动作引诱不明所以的投资者,借反弹开始二次出货。我们看到此时亏损筹码已经在股价上方形成多个密集峰,预示在两个高点以及股价反弹处,有大量的散户被套在了高位。

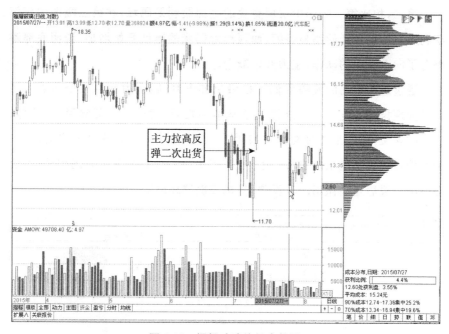

图1-22　福耀玻璃终极走势图

1.5　筹码的发散形态

筹码的发散形态,说白了就是筹码持续不断地分配到不同价位的过程。它体现的是市场当中不同投资者在对当前市场状况不同认知的情况下,采取的不同的交易行为。

由于散户群体资金体量小,在市场上话语权不多,因此很难对股价造成持续的、长周期的影响,因此采取的策略基本上都是跟随策略。而主力由于信息渠道畅通、资金量大,所以每次在股票上的进出都会对市场筹码造成一定的冲击。通常,在认知上,投资者会把主力的行为笼统地分为建仓阶段、拉升阶段以及出货阶段。这种划分的方法虽然无可厚非,但并不准确,如果从筹码的角度来看,这些阶段其实就是主力控制流通筹码在不同位置间的发散而已。

1.5.1 建仓阶段的筹码发散

建仓阶段,不管主力采用的手法如何隐蔽,都逃脱不掉大量筹码在相对狭小的价格区间大量堆积的现实,而一旦筹码产生堆积,在达到一定数量后必然会产生筹码峰。如果上市公司不发生定向增发、原始股东解禁、送股除权等事宜,那么市场当中流通筹码数量在一定时间内是固定不变的,主力开始搜集的筹码必定是上方套牢筹码割肉出局的结果。也就是说,建仓阶段是高位筹码向下发散的结果。

如图 1-23 所示,这是马应龙(600993)2015 年 5 月至 2015 年 10 月的日

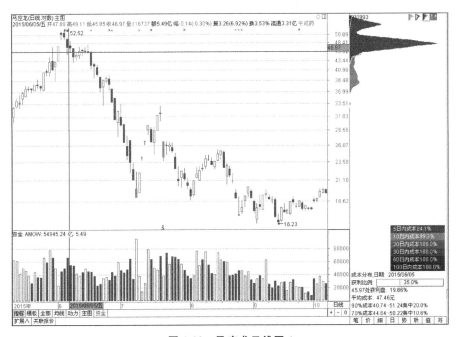

图 1-23 马应龙日线图 1

线图。在十字光标定格的地方，我们看到股价高高在上，K线图右侧的筹码分布图形成了筹码密集状态。通过筹码峰下方活跃度的指示，再观察筹码峰的颜色，我们可以知道，筹码峰的形成绝大部分是近20日、30日市场交易形成的，当然还有少量的10日内的成本在里面。这说明在一个月的时间内有很多投资人与主力完成了筹码的交换。主力在筹码成功交换后不再维系股价，于是新一轮下跌行情就此展开。

当股价经过下跌到达16.23元的相对低位后，股价开始止跌企稳并开始小幅反弹。这时的市场状态是怎样的呢？我们用同一幅图看看筹码的堆积情况。

如图1-24所示，这是马应龙(600993)刚才的那幅图，只不过我们将十字光标的定格点选在了股价的相对低位。在这幅图里，上方的筹码峰已经消失得干干净净，说明不同投资人选择不同的价位将手中的筹码抛掉了。我们知道流通筹码的数量是恒定的，这就意味着抛掉的筹码一定有对等的人

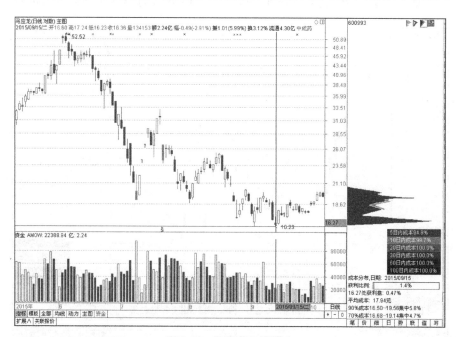

图1-24　马应龙日线图2

与其进行了换手。这样的换手过程有过多少次我们无从得知,但通过活跃度的提示我们知道,大部分筹码都在近30个交易日内完成了底部的堆积。这也能很好地解释股价为什么开始不再下跌,是因为有人在一定的价格区间内愿意接受市场上所有抛出的筹码。

建仓阶段的筹码发散意味着主力的买入与散户的卖出做了一次对等的交换。之所以对等,是因为在卖出的时候,散户的心理预期是下降的,所以他选择了离场。主力选择进场,是因为他的预期是上升的。这里绝不是说主力的选择就是对的,我们通过软件看后续的股价走势就知道,该股后来并没有多大的上升空间。我们在这里只是再次表述,所谓的建仓阶段其实就是筹码高位发散的结果。仅此而已。

1.5.2 拉升阶段的筹码发散

拉升阶段,股价的快速上涨是令人愉快的。但主力在拉升的过程中其实面临着很多不确定的因素,例如上方解套盘的抛压。而下方如果市场成本不能够有效垫高,太多的获利盘也会让拉升的过程一波三折,何况这里还有大盘的整体状况等,所以拉升的结果看起来很好看,但过程其实是很复杂的。

如图1-25所示,这是福耀玻璃(600660)2015年8月至2015年12月的日线图。这是一段完整的拉升行情,在十字光标定格点的地方,是该股第一次拉升后的小幅回落整理。此时我们通过筹码分布图可以看到,股价小幅整理回落的时候,活跃度上显示,5日、10日内的筹码在此处快速地堆积,形成了一个小的筹码峰,说明短线资金进场垫高了市场的成本。与此同时,我们还看到,在定格点的上方,也就是14.45元的位置,30日、60日和100日内的筹码也形成了一个筹码峰,并且其宽度还大于下方的短线成本峰值。主力为了让自己的底部筹码获利,在垫高市场短期成本后选择了继续拉升。但主力的拉升不是无休止的,他在市场的重要阻力处会停下来。一是让套牢盘解套出来;二是让短期成本在这里再次汇聚,帮助自己承接一部分套牢盘;三是自己的底仓也可以适当地出局,如此一来,主力的压力就轻松不少。

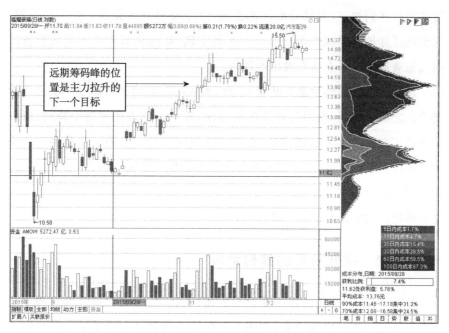

图 1-25　福耀玻璃日线图

我们再看看股价到达阻力位后的筹码分布情况。

如图 1-26 所示,这是福耀玻璃(600660)股价到达阻力位后的筹码分布图。两幅图一对比就清楚了,股价在达到阻力位后再次展开横盘走势,此时 5 日、10 日包括 20 日市场筹码再次汇聚成一个小的筹码峰,说明市场成本再次被垫高。主力为什么总是需要市场垫高成本?主要是为了日后出货的需要。当一个投资者买入后,如果价格总是让他略有浮盈,此时他的持股心里是最安定的,因为他在幻想价格日后的飙升。这种心理对于一个股民,特别是新股民来说,是非常有诱惑力的,这也是新股民总是被套在山顶上的原因。

当短期成本汇聚时,我们发现,原先短期成本汇聚的筹码峰并没有消散,而是变成了 60 日内买入成本汇聚的地方,也就是说,中长线资金驻扎在那里,并没有离开。这种获利不离场的筹码有两重含义:一是觉得获利的空间还不够大,期望有更高的目标到来;二是股价后续一旦下跌,在跌到中长期筹码汇聚处的时候,会有比较强烈的支撑。此时上方原本宽厚无比的中长期成本随着股价的到来开始变得窄薄起来,也表明长期套牢者在解套后开始离场。

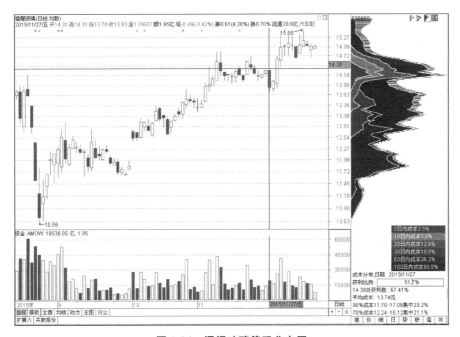

图 1-26 福耀玻璃筹码分布图

通过这两幅图,我们可以体会到主力拉升时的小心谨慎,既要照顾到解套盘对自己的影响,还要尽可能地垫高市场的短期成本,更主要的是,为股价的下跌预留了一个支撑点,便于今后的操作。可以说所谓的拉升阶段,就是市场流通筹码在主力认为的、比较重要的不同价位,做有序分配发散的结果。

1.5.3 出货阶段的筹码发散

出货环节是主力最为头疼的一个环节。主力不是万能的,市场当中好多的主力前面的环节做得都很好,就是在出货时未能全身而退,以至于自身不保,将自己留在了山顶欣赏风景。

同建仓阶段相对应,出货阶段的筹码发散就是低位获利筹码在高位成功发散的结果。

如图1-27所示,这是建设银行(601939)2015年3月至2015年7月的日线图。图中我们看到在十字光标定格点的左侧,该股有过一段明显的拉升行情。十字光标定格的当天,我们看右侧的筹码分布图获利筹码依然很多,并在低位留有大量的筹码。我们说获利不抛的筹码是主力的,这么理解,主力看起来还有充分的理由继续拉升股价。但我们不要忘了,市场是一直在流动和变化的,我们在谈及筹码的时候也说过,投资者一定要以动态的眼光看待筹码,因为筹码就像水一样,一直处在流动当中。获利不抛的筹码的确是主力的,但主力的这种不抛有两种可能:一种是还想继续往上做,获取更大的利润;另一种就是主力还没有来得及抛出筹码,因为高位出货最难的一点就是时间。如果短期内大量抛出,股价应声下落,谁还会

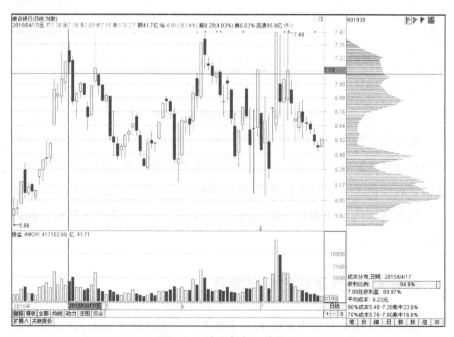

图1-27 建设银行日线图1

愿意接盘呢？所以主力一定要维系住盘面,保持盘面适当的活络与稳定,同时减少出货频次与节奏,这样一来,时间就会拉得很长。如果投资人有心,翻看过往的历史走势就会发现,中小盘股的出货多是做出双头,而中大盘股多是高位横盘,慢慢地出货。随着时间的拉长,筹码会忠实地反映一切。

如此多的获利筹码想要顺利的出局是很困难的,但主力做到了这一点,我们接着看。

如图1-28所示,这是建设银行(601939)的日线图,与上图是同一段时间,我们只不过是将十字光标定格点选在了股价箱体整理的末端而已。

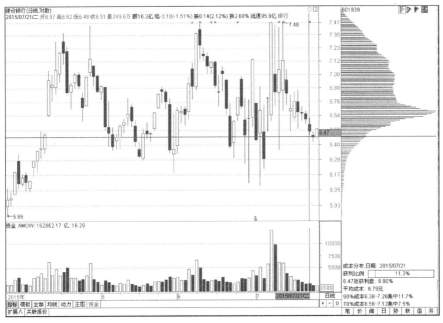

图1-28 建设银行日线图2

看到这幅图你或许会大吃一惊,上图中低位密集的获利筹码峰已经消失不见,取而代之的是大幅增加的亏损筹码。最主要的是,随着股价运行到箱体整理的末端,亏损筹码反而汇聚成了一个筹码峰,而获利筹码已经微乎其微了。股价从2015年4月进入箱体整理阶段,运行到整理末端已经是 7 月末，主力用了 3 个月的时间将手中的筹码发散了出去，成功完成了出货。

如图 1-29 所示，这是建设银行后续走势图。股价在主力出货后一蹶不振，急速下跌。

图 1-29 建设银行后续走势图

1.5.4 特殊阶段（送股除权）的筹码发散

股票绝对价格的高低是很多投资人选股的标准。很好理解，如果股价过高，对于一个账户只有万余元的投资人来说是可望而不可即的。与其只能买一手的高价股，不如去买 10 手中、低价股。这个时候，如果您心仪已久的股票价格突然有一天从20元降到10元,甚至5元,您是否会心动呢?

之所以会发生这样的事,就是有的上市公司在年中或年底利润分配时会推出大比例送股方案所致。以前的市场10送10股就是很高的分配方案了,近年来,10送15股已经常见,有的甚至推出10送20股、10送25股的分配方案了。

此种游戏规则好坏暂且不论,但除权后确实可以立即拉低股价,引得一部分投资人为之侧目。更主要的是,如此一来,市场筹码会急剧地发生变化,主力的意图也随之被掩盖。

如图1-30所示,这是伊利股份(600887)2015年5月至2015年6月的日线图。在十字光标定格的这一天,也就是2015年5月27日,我们看右侧的筹码分布图,大量的获利筹码形成了密集的筹码峰。我们再往后看。

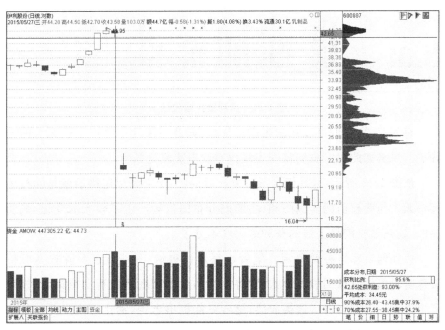

图1-30 伊利股份日线图

如图1-31所示,这是伊利股份(600887)除权后的图。这一天,该股执行10股送10股的分配方案,红股开始上市流通。仅仅一天,我们看筹码分布图已经变得面目全非,显示的全都是蓝色的亏损筹码。莫说是新入市的股民,就算是老股民也会坠入云里雾里中。

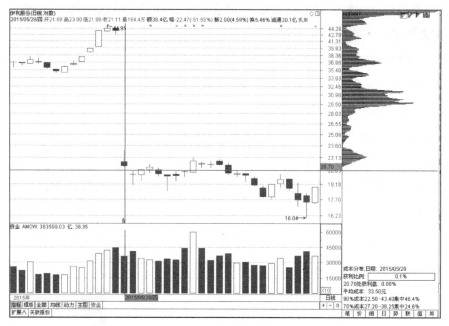

图1-31 伊利股份除权图

有人会说,我们可以将图表进行复权,如此一来就不会产生这么大的差异了。果真如此吗?我们将图表复权看看事实究竟如何。

如图1-32所示,这是伊利股份复权后的图,十字光标定格的就是除权的那一天。与除权前的实例图相比,筹码分布图依然产生了较大的变化,最明显的,就是除权前最上端的获利筹码峰不见了。

该如何解释这种现象呢?笔者也很难说得清,只能说送股除权是股价特殊阶段筹码发散的表现形式,它将主力的成本彻底地进行了掩饰,让投资者再也无从追踪。对于这类股票,笔者只能提出忠告,别让急剧降低的价格蒙上您的眼,想要参与其中,还是小心为上。

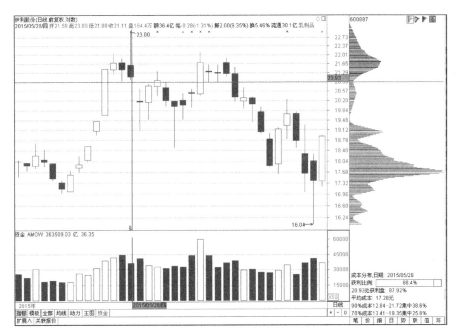

图 1-32 伊利股份复权图

1.6 筹码集中度

筹码集中度,是说总的筹码分布的密集程度,它表明投资者的持股成本究竟处在哪些价位之上。准确判断该项指标,可以在一定程度上发现潜在的压力位置和阻力位置。

筹码为什么要集中,实际上还是主力为了拉升股价的需要。从理论上讲,如果二级市场上流通的筹码全部由投资人共同持有,过于分散的筹码必将导致投资人的交易行为相互制约,其最终的结果就是股价在一个区间内上下来回地震荡,而不会产生较大的行情。因此,要想股价能够上涨,就必须有一股力量控制并锁定一定比例的筹码,从而在市场上造成某种稀缺效应,如此才会有人看好该股,愿意出更高的价格进行买入,进而推动股价的上涨。

如何将抽象的语言叙述转化成通俗易懂的表现形式,筹码分布图为我们提供了良好的观察窗口。在筹码分布图中,我们可以从以下几方面来了解筹码集中度。

1.6.1 筹码分布区域与集中度

在筹码分布图中,除了筹码在一定价位堆积出的筹码峰之外,在筹码峰的下面还有几行文字,它们分别是成本分布的日期、获利比例、某个价位的获利盘、平均成本以及筹码分布区域。

如图1-33所示,这是一张筹码分布图,在筹码峰的下方就是上述提及的文字,其中筹码分布区域有两个,分别是90%成本分布区和70%成本分布区。

90%的筹码分布区域,已经比较充分地反映出投资者或者是主力的持仓成本究竟分布在什么价位上面,而70%的筹码分布区域更加细致地说明了这些筹码具体分布在哪些更加接近的价位上面。相比90%的筹码分布区域,70%的筹码分布区域更加可靠与具体。

如何看待这两个筹码分布区域呢?很多读者都有这样的困惑,下面我们以此图为例,为大家详细地进行一下说明。本图中90%的筹码分布区域告诉我们,有12.8%的流通筹码分布在16.52~21.52元处,此处的12.8%集中度表示的是分布在该处价位的流通筹码占全部流通筹码的百分比。

那么70%的筹码分布区域又是什么意思呢?它与90%的筹码分布区域其实是一种包含关系,即70%的筹码分布包含在90%的筹码分布区域中。以本图为例,就是说在16.52~21.52元价位处分布的筹码中,有70%的筹码更加集中地分布在18.72~21.36元处,这部分的筹码占全部流通筹码的6.8%。

筹码集中度表明的是市场上流通筹码堆积的主要区域的幅度,数值越大,表示筹码集中的幅度越小,筹码就越分散;反之亦然。需要特别提醒的

图 1-33 筹码分布图

是,这个"集中"的意思,不等同于庄家的控盘,与龙虎榜的数据也完全不是一个意思。

就目前而言,筹码集中度还无法编成计算机程序,因此只能通过单只股票的观察进行总结,得出的结果如下。

(1)筹码集中度高的股票(10以下)的爆发力强,上涨或下跌的幅度比较大。

（2）筹码集中度低的股票（尤其是20以上）的上涨力度明显减弱。

（3）筹码的集中过程是下一阶段行情的准备过程，而发散过程是行情的展开过程。

上述三点虽然重要，但不是绝对的，因为影响股价走势市场的因素很多，筹码集中度反映的不过是影响股价的一种因素而已。所以，这里我们强调三点：第一，不是只有集中，股票才会上涨；第二，达到了集中，上涨的幅度会增大；第三，不集中的股票，也会上涨。

我们通过一只股票说明一下这些概念。

如图1-34所示，这是黑牛食品（002387）2015年6月至2015年11月27日的日线图。在图显示的最后一天，也就是2015年11月27日，股价拉出一根长阴线。此时如果单纯从股价上看，加速下跌的态势已经形成，但如果我们会观察筹码分布图，就会得出几点不一样的结论。第一，我们看筹码分布

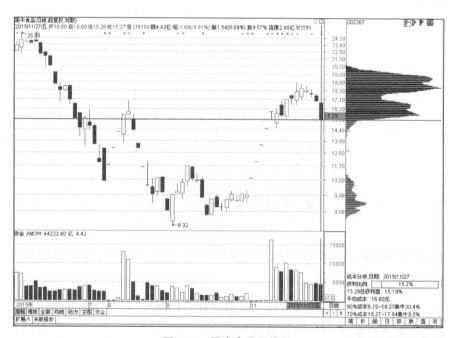

图1-34　黑牛食品日线图

图上筹码分布区域。90％筹码分布区域显示,全部流通筹码中有比例达30.4％的筹码分布在9.75～18.27元处。第二,看被包含的70％筹码分布区域。这里的数值告诉我们,分布在9.75～18.27元处的筹码中,更有70％比例的筹码准确地讲是分布在15.27～17.94元处,集中度占到全部流通筹码的9.5％。注意,这里的集中度已经小于10。第三,股价当天的收盘是15.27元,已经穿透到70％筹码分布区域提示的成本价位了。换句话说,就是股价来到了一个核心的支撑区。未来会如何,我们往下看。

如图1-35所示,这是黑牛食品(002387)的后续走势图。我们看到股价在长阴线过后并没有加速下跌,而是收出了一根单针探底的锤子线,探明了短期的底部。仅缩量整理一天后,主力竟然连续拉出了两个涨停板,让股价快速脱离成本区,再创反弹新高。

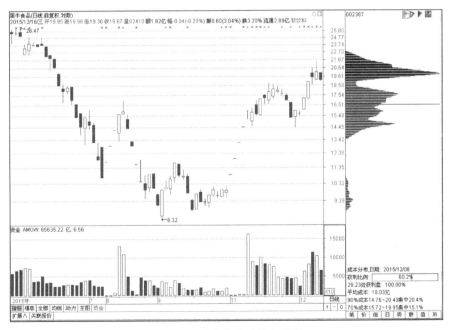

图1-35　黑牛食品后续走势图

希望通过本实例的介绍,大家对两个筹码分布区域显示的信息能有一个正确的认知。

1.6.2 平均成本

在筹码分布图中,平均成本也是一个透视筹码集中度的好工具。这里的平均成本,指的是市场全部流通筹码的总体成本,而非主力机构手中掌握的筹码的成本。主力机构的成本只能大概地预估,而不能精准地计算出来。除了他们自己,我想没人知道。

平均成本就是一个数值,看起来简单明了,其实它是与筹码成本分布区域配合使用的。只要你多读几个图就会发现,90%和70%筹码分布区域里面显示的成本都是分布在平均成本两侧的。为什么会这样分配呢?还得从90%筹码分布区域谈起。假设我们统计了市场上90%的筹码分布情况,并做成筹码分布图,这说明大部分的筹码已经包含进来了,剩余的10%的筹码我们是没有统计的。这10%的筹码如何分配呢?很简单,就是一分为二,每一份占5%。如何分配呢?最公平的做法就是平均地分配到筹码的最上端和最下端。假设我们将最上端5%的筹码定义为A,最下端的5%的筹码定义为B,那么它们的价格差值就应该是A−B,它们的均值就应该是(A−B)/2。其余的90%筹码也是一样的,不可能只落在均值的一侧,所以筹码分布区域的成本一定是围绕着平均成本上下波动的。

平均成本很重要,它为我们提供了一个观察市场广度的窗口。由于它代表市场的总体成本,所以就具有某种平滑作用,股价短期的波动对它几乎不造成影响,如此一来,可以通过它来鉴别主力洗盘的动作。

如何理解呢?我们用图来解释说明。

如图1-36所示,这是奥拓电子(002587)2015年7月至2015年10月21日的日线图。在图的最右侧,十字光标的定格的地方就是2015年10月21日。我们看到该股在连续拉升后于高位收出了一根阴线。这是一根高开后上涨、然后守不住向下滑落的阴线,看起来像是一个头部的见顶信号。如果不是,后面当然会继续上涨;如果是,后面股价会进一步回落。我们关心的是,如果股价回落,哪里会是支撑呢?这时我们看筹码分布图,在平均成本处，数值告诉我们此时的市场平均成本是10.2元。我们以这个价位画一根水平支撑线，看看股价后续的表现。

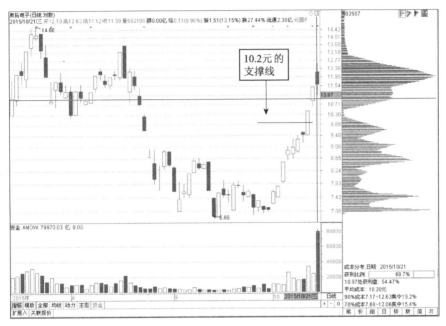

图1-36 奥拓电子日线图

如图1-37所示，这是奥拓电子（002587）后续走势图。我们将上图所画的10.2元的水平支撑线延长，就可以得到下图的效果。如图所示，该股在收出第一根阴线后开始短线见顶，股价震荡回落。欣慰的是，当股价回落到靠近10.2元的水平支撑线后，收出了一根缩量的阴十字星，当天最低价是10.33元，收盘价是10.4元。是巧合吗？如果您这样认为也未尝不可，但从技术上来说，股价确实在这个位置受到了支撑。在图中箭头所指的地方，我们看到筹码分布图上平均成本显示的数值是11.31元，也就是说市场的整体成本已经抬高了。主力如果想维持他手中的筹码处在获利状态，就必须拉抬股价站上平均成本之上。一方面是股价受到了支撑；另一方面是有自身的拉抬需求，我们看到主力随后再次放量拉升股价，并通过两个波段将股价由10.4元一直拉到18.02元，涨幅高达80%。

图 1-37　奥拓电子后续走势图

通过这个实例我们看到平均成本具有独特的作用。当然,鉴别洗盘仅仅是平均成本作用的一个方面,我们在后面的章节里还会介绍平均成本的其他作用,这里只是给读者一个直观的印象,让读者了解筹码分布图中有平均成本这样一个指标。

1.6.3　获利比例

筹码分布图中筹码分布日期的下面有一个长方形的方框,这就是获利比例。

获利比例的值是随着股价的变化而不断变化的,在 0～100 的百分比范围内来回地变动。有读者或许会有疑问,既然获利比例的值来回变动,那么比值是大一点儿好呢,还是小一点儿好呢?这个问题要辩证地看待,最主要的是要看股价的位置,以及股价在这个位置所做的变化。从理论上说,获利比例的值过大过小都不好,理由如下。

（1）获利比值过大，说明市场上大部分人都开始获利，如此一来总有人想要落袋为安，获利盘抛出必将压制股价，导致调整的风险积聚。

（2）获利比值过小，意味着市场上套牢筹码太多，绝大多数人都处在亏损的境地当中。这时候主力就算想要拉升，太多的解套盘也会让股价步履维艰，因此大部分时间会有一个震荡横盘的过程，对行情的期望不要太高。

需要注意的是，获利比例和获利盘是有区别的。在股票的筹码分析中获利盘是指您的鼠标所指的价格上方的筹码占全部筹码的比例是多少；获利比例是指当天收盘价格上方的筹码占全部筹码的比例是多少。当你的鼠标所指的价格等于当天收盘价格时，获利比例和获利盘数值相等；否则，不相等。

这段话有些绕口，但其实很好理解，这里用图为大家演示一下，方便大家理解。

如图1-38所示，这是我们随意截取的深天地（000023）一段走势图。在十字光标定格的地方我们看到的是2015年8月7日。此时我们看筹码分布图，获利盘显示是23.99%，就是说在十字光标定格的地方，也就是20.49元处，市场全部筹码中有23.99%的筹码处在该价格的上方。我们再看，获利比例显示的数值是46.9%，就是说，在20.49元的这个价位，持有该股的全部投资人中，有46.9%的人是获利的。数值大家都看得见，但里面的关系可能刚接触时不容易搞懂，没关系，大家在图上用鼠标多点几只股票就有体会了。

还是以这幅图为基准，我们将鼠标定格在2015年8月7日的收盘价上，看看是什么效果。

如图1-39所示，这还是上一幅图，只是十字光标定格在2015年8月7日的收盘价上面。该股当天收盘价是21.97元，光标显示的是22元，这是软件的误差，不影响数值。我们看获利比例，此时显示是49.9%，而获利盘是49.91%，完全一致。

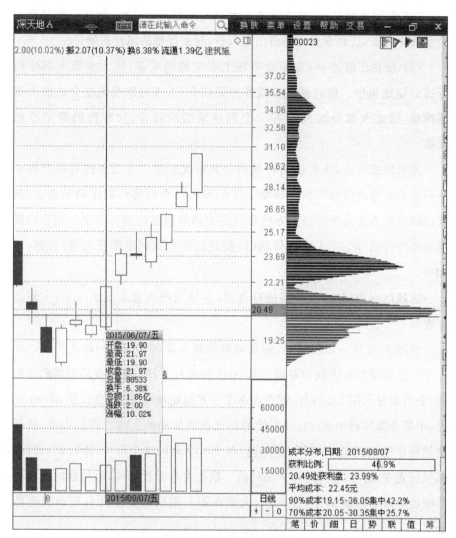

图 1-38 深天地获利盘图

对获利比例的解读就到这里,相信大家应该对获利比例的内在机理有了些理解。需要说明一点,有的投资人为了更好地观察筹码的变化,喜欢用鼠标逐一地在 K 线上移动,而软件中十字光标的设置是以收盘价为基准的,所以这个时候获利盘和获利比例一定是一致的,大家要会识别。

关于筹码分布的基础知识到这里就全部结束了。阅读到这里,大家可

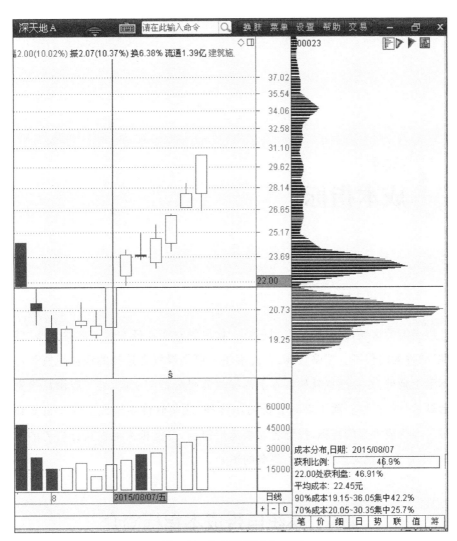

图 1-39 深天地获利比例图

能对筹码分布图已经有了一个全新的认识,对筹码理论也更加感兴趣。相对于清晰可辨的众多指标,筹码理论算是一个另类,因为它摒弃了我们常用的线性的固定思维,带给我们的是耳目一新的感觉。尽管如此,它与其他指标同样有着千丝万缕的联系,下一章我们就向读者展示筹码理论的前身——成本均线。

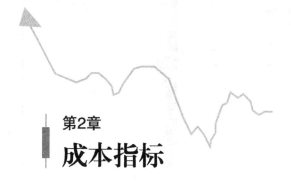

第2章

成本指标

当前的市场,已经彻底告别了第一代股民只能在证券营业部看老版"钱龙"软件的时代了。粗略计算,目前市场上可供投资者选择的证券投资软件不下十余种,并且这些软件基本上都提供筹码分析的功能,足可以满足投资者日常分析需要。除了筹码分析的功能外,这些软件系统或多或少也都自带了一些成本类的指标,投资者如果运用得当,更能极大地提高分析者的胜算,本章内容就为您揭示其中隐藏的奥妙。

2.1 系统自带成本指标简介

在众多的、供投资者免费使用的证券投资分析软件中,"通达信"软件以其简洁的界面、操作的便捷和不断完善的功能日益受到普通投资者的喜爱,成为他们首选的软件之一,与另外两款软件"同花顺""大智慧"形成三足鼎立之势。目前国内券商在为投资者提供的免费的证券投资分析软件中几乎都有"通达信"的版本,因此笔者在这里就以"通达信"版本的证券投资分析软件为例,为大家讲解几种系统自带的、重要的成本指标。

2.1.1 常用指标

在"通达信"版本的证券分析软件中,系统自带的、供投资者选择的成本指标有十余种,其中常用的有以下几种,它们分别是:

筹码峰(英文缩写 SSRP)

筹码集中度(英文缩写 SCR)

浮筹比例(英文缩写 ASR)

筹码引力(英文缩写 PAV)

成本价均线(英文缩写 AMV)

成本均线(英文缩写 CYC)

市场成本(英文缩写 MCST)

强筹码引力(英文缩写 PAVE)

除了上述的成本指标之外,系统中还有诸如博弈 K 线长度(英文缩写 CYOKL)、市场能量(英文缩写 CYF)等几种不常见的成本指标,对它们感兴趣的读者可以自行在软件中查找,看看它们的使用效果。

2.1.2 主图指标

在上述列举的八个成本类指标中,除了成本均线(以后简称为 CYC,其余指标同样如此)是主图指标外,剩下的七个成本指标都是副图指标。或许有的读者会问:"什么是主图指标?什么又是副图指标?它们之间有什么区别或者说不一样的地方吗?"这里简要地为读者说明一下。简单地说,所谓主图指标就是可以和 K 线同放在一个界面上,同时又在视觉上不会引起差异的指标。例如,大家平时经常使用的移动平均线就是一个很好的主图指标。

我们知道,K 线反映的是投资品种的具体价格,如果一个指标能够与 K

线放在一起,并且不产生视觉上的差异,说明这个指标与价格的紧密度是很大的。正是着眼于此,有的投资者会将自己认为最重要的,并且与K线不产生视觉差异的副图指标转换成主图指标,与K线放在一个界面共同使用。之所以在这里会提及这一点,是因为在后面的章节中,我们会用到这样的技巧,从而让成本指标配合K线发挥出它最大的作用,更好地为我们广大投资者服务。

2.1.3 副图指标

所谓副图指标,就是和K线放在同一个界面后,会让投资者产生视觉上的差异,让投资者看起来很不舒服。但这些指标若放置到K线图界面的下面,其视觉差异就会消失,我们将这些指标称为副图指标。

副图指标非常多,例如我们每天看盘都要用到的成交量指标,还有日常大家经常使用的,诸如MACD指标、KD指标、RSI指标等,都是副图指标的代表。不管是主图指标还是副图指标,其作用机理都是一样的,即都是要与K线相互配合使用,因此指标作用不分好坏,只是投资者的日常习惯而已。例如,有的投资者喜欢以均线配合K线使用,而有的投资者则更喜欢看副图的MACD指标搭配K线,同样运用得风生水起。这里需要说明的是:现在的证券投资分析软件,下方的副图指标窗口可以开好几个,即投资者可以根据自己的意愿同时放置、观察好几个副图指标,但与K线搭配,放在一起的主图指标却只能有一个,这也从一个侧面说明了副图指标相对于主图指标的便利性。

如图2-1所示,这是上证指数一幅经典的主图、副图指标图。如果没有对系统进行修改的话,只要打开证券分析软件,首先映入眼帘的必然是这样的图表。除了K线之外,主画面当中还有经典的主图指标——移动平均线(MA);K线图的下方,同样是两个经典的副图指标,成交量和MACD指标。

上述列举的八个成本类指标,可以说各擅胜场,分别从不同的侧面揭示了筹码在市场价格变动当中变化的情况。尽管如此,经过笔者深入的认识

图 2-1 主图、副图指标图

与研究,以及实战中不断地积累这些指标的使用经验,同时综合考虑这八个指标的具体作用,发现它们相互之间还是有所区别的。笔者在这里大胆提出自己的研究心得:在这八个成本类指标当中,实战中最能发挥作用的当是后三个指标,即CYC、NCST和PAVE。

下面,笔者就通过后续的章节,向读者全方位展示这三个成本指标的应用技巧。此外,我们还将这三个指标的精华进行了整合,让它们形成一个操作利器,帮组读者在阅读本书后可以更好地在股海博弈。

2.2 强筹码引力指标(PAVE)

我们介绍的第一个成本指标,就是"强筹码引力指标",英文简称为

"PAVE"。

在证券分析软件中随意选定一只股票,用键盘敲击 P、A、V、E 这四个英文字母,在 K 线图的下方就会出现强筹码引力这个指标。

如图 2-2 所示,这是浦发银行(600000)2015 年 6 月至 2015 年 11 月的日线图。在 K 线图的下方,也就是副图指标的位置,是一个由三条曲线组成的指标,这就是强筹码引力指标。

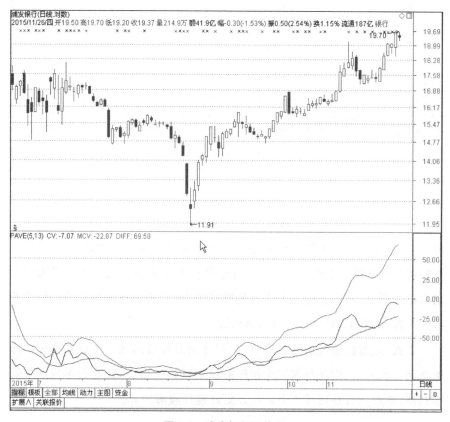

图 2-2 浦发银行日线图

强筹码引力指标有三条曲线,其中看图最右边,中间蓝色曲线代表快速线,用"CV"表示;最下面紫色曲线代表慢速线,用"MCV"表示;最上面灰色曲线代表压力线,用"DIFF"表示。强筹码引力指标是通达信系统自带的指标,其参数设置为 5 和 13。该指标的函数编写目前还没有办法进行破译,虽然不能破解,但这并不妨碍我们使用它。

通过不断的实战以及经验的积累,我们逐渐摸索出该指标在实战中的使用技巧,在了解了PAVE指标的构成后,下面我们就用具体的图例向大家详细地介绍PAVE指标在实战中的应用技巧。

2.2.1 PAVE指标的买入技巧

PAVE指标的买入技巧共有两种,一种是指标在常规状态下的运用;另外一种就是在寻找相对底部时指标的使用方法,下面我们逐一地进行说明。

PAVE指标波段买入技巧一:当快速蓝线向上金叉穿越慢速紫线,灰色压力线向上发散时,买入。

如图2-3所示,这是超级大盘蓝筹股中国石化(600028)2014年12月至2015年5月的日线图。

从图中可以清晰地看到,在箭头所指的位置,股价以跳空的方式一举突破了之前形成的一条短期下降压力线,并在随后进行了缩量的回抽确认,以检验突破的有效性。与此同时,PAVE指标在突破时和回抽后两次走出了快速蓝线向上金叉穿越慢速紫线的走势,并且灰色压力线开始向上发散。我们看到,股价在完成了回抽确认后,主力开始不断地拉升,直至成交量在高位放出巨量,K线也收出一根阴十字线,出现见顶信号为止,波段涨幅达到惊人的70%。

下面我们将该股突破的地方进行局部的放大,让读者能更加清晰地看到指标当时的变化。

如图2-4所示,这是中国石化(600028)于2015年2月25日突破时的局部放大图。通过这张图,我们可以看到PAVE指标在这个局部的演变过程。指标中的蓝色快速线先是逐渐地走平,此时紫色慢速线和灰色压力线的下跌速率也慢慢变缓,接着蓝色快速线第一次金叉穿越紫色快速线,灰色压力线缓慢地上移。后面我们看到,当股价跳空突破缩量回落时,蓝色快速线有一个小幅死叉紫色慢速线的过程,但此时紫色慢速线和灰色压力线都快速

图 2-3　中国石化日线图

地上移,指标底部也正在抬高,说明这一切都是主力拉升前的最后洗盘。

　　如果读者能完全了解这个指标,并用指标底部逐渐抬高,指标线两次金叉等形态特征研判出主力正在洗盘,随后能够及时入场的话,主力后续地抬轿过程将会让你获得不菲的收益。

　　下面我们再通过一个实例看一下PAVE指标的运用技巧。

　　如图2-5所示,这是华兰生物(002007)2015年8月至2015年11月的日线图。从图中可以看到,在短短的半年时间内,PAVE指标两次发出买入信号,一次是在2015年的10月,蓝色快速线大角度金叉穿越紫色慢速线,同时灰色压力线上升,股价走出一波20%左右的升幅。第二次是在2015年的11

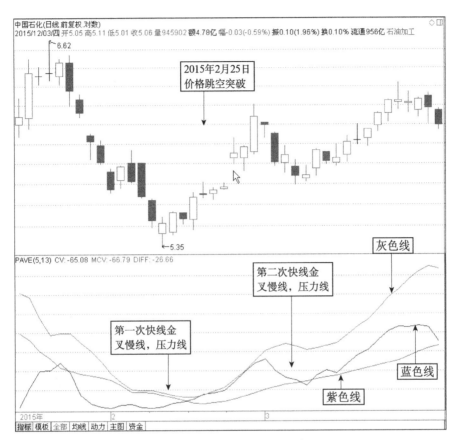

图 2-4 中国石化局部放大图

月,蓝色快速线经过快速回落后再次被主力强力拉起,又走出一波 18% 左右的升幅。这说明,只要 PAVE 指标不是处在绝对的高位,并且指标状态依然良好,那么对相关股票都要密切地留意。

理解了指标在个股中的表现,下面我们再通过一个图例,看看 PAVE 指标在指数间的表现情况。

如图 2-6 所示,这是上证指数(000001)2014 年 12 月至 2015 年 3 月的日线图。在 2014 年年底启动的这波行情中,充当龙头的是券商类股票。大部分券商股在这个时段都以迅雷不及掩耳的态势发动了一波行情,带领大盘迅速完成了一波拉高的动作。好多券商股在短时间内就成功实现了翻倍的

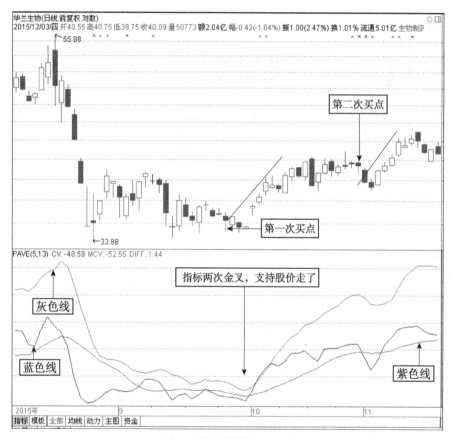

图 2-5　华兰生物日线图

走势,这让很多投资者都措手不及。庆幸的是,当上证指数来到了 3100 点并在此附近开始进入整理状态后,PAVE 指标于 2015 年的 2 月,在相对高位再次发出了一个经典的买入信号。我们看到在蓝色快速线大角度金叉穿越紫色慢速线后,紫色慢速线和灰色压力线也随后转为上升,上证指数由 3049 点起步再次强力上涨,大幅飙升。

　　使用 PAVE 指标的时候,股价所处的位置是个非常重要的问题。如果股价处在相对低位,你当然可以放心大胆地使用它;如果股价在之前已经有过一段甚至几段大幅拉升的动作,特别是当股价有过大幅放量的情形,这个时候使用 PAVE 指标,最好还是参考其他的指标看看,做到小心为上。

图 2-6　上证指数日线图

PAVE 指标波段买入技巧二：当指标形成底背离后，蓝色快速线向上金叉穿越紫色慢速线，灰色压力线向上发散时，买入。

实现成功的抄底一直以来就是广大的投资者所津津乐道的事情，其原因就是相对于其他点位的买入，一旦抄底成功，其获利幅度是相当惊人的，可以在短时间内让自己的账户市值得到快速地增长。市场上使用指标进行抄底的技巧有很多，但投资人运用最为广泛的、成功率最高的，依然首推底背离。

与其他指标一样，PAVE 指标同样可以产生底背离形态，并且由于该指标本身就是一个成本指标，其发出的底背离信号，更可以说明在这一时刻，主力正在积极地搜集市场当中的筹码。

如图2-7所示,这是海螺水泥(600585)2013年12月至2014年4月的日线图。从图中可以清晰地看到,该股第二个底的价格击穿了第一个底的价格,底部呈现逐级走低之势。但与此同时,该股PAVE指标的形态却与价格出现相反的态势,显示出缓慢抬高的状态,与价格形成了底背离形态。在底背离形态构筑完成后,该股股价随后由13.18元一路向上攀升,最高涨到了18.37元,波段涨幅达到了35%。

图2-7 海螺水泥日线图

如果想要介入该股,那么该股最安全的入场点在价格反向跳空,即突破图中水平横线所示的阻力处,也就是图中注明的、运用2B法则的入场点。

突破成功意味着之前的价格下跌是主力刻意而为之的挖坑行为,意在强力洗盘,其目的是尽最大可能在低位收集廉价的筹码。

我们再来看一个PAVE指标底背离的实例。

如图2-8所示,这是精功科技(002006)2015年6月至2015年10月的日线图。我们看到该股股价在击穿第一个底的同时,PAVE指标并没有跟随价格同步降低,而是形成了底部逐渐抬高的底背离形态。股价在低位震荡一段时间后,在图中箭头标注的那一天用一根长阳线完成了123法则和2B法则的同步应用,形成了最安全的买点。股价在后面连续上涨,短时间内就完成了翻倍的走势。

图2-8 精功科技日线图

看过了精彩的个股,下面我们看一下PAVE指标底背离形态在指数上的应用。通达信证券分析软件为方便投资人运用,在系统当中设置了一个"板块指数"的子菜单,将市场上的行业以及概念板块搜集到里面,供投资人快速地查询。本章内容提到的分类指数就全部来自这里。

如图2-9所示,这是板块指数中汽车行业指数(880390)2015年4月至2015年11月的日线图。我们看到该板块在跟随大盘下跌的过程中跌幅巨大,其中第二个底在击穿第一个底后仍然下跌凶猛,空头看起来是气势汹汹。但此时PAVE指标与价格构成的底背离形态却暴露了主力的意图,在制造恐慌下跌的背后,是主力在悄悄地吸纳筹码。板块指数的走强,预示着

图 2-9 汽车行业指数日线图

板块内大部分股票都在走强,随着国家对新能源汽车产业扶持政策的出台,以"比亚迪"为首的板块内个股,凡是涉及充电桩、锂电池、新能源汽车概念的股票纷纷拔地而起,走出了一轮中级上升行情。

上面的三个图中我们都提到了一个新的名词——2B法则。那么2B法则是什么?在操作中有什么作用?对于这些内容可能有些读者还不是很清楚,这里有必要向大家简要介绍一下。

2.2.2　123法则和2B法则

123法则和2B法则是美国投资大师维克托·斯波朗迪在其著作《专业投机原理》中提出的一种判断趋势改变的技术分析方法。这种技术分析方法浓缩了道氏理论的精髓,并且简单易懂,是对道氏理论最精彩的阐述之一。凭借该方法,维克托·斯波朗迪在其投资生涯中取得了辉煌的成就,并在其声誉最隆时著书立说,将自己使用多年的操作方法公之于众。《专业投机原理》一书出版后立刻受到全球投资者的瞩目,并在投资者中享有极高的声誉,现在该书已成为股票、期货投资人必看的经典教科书之一。在这本书中斯波朗迪将自己积累多年的宝贵经验都进行了披露,这当中尤以123法则和2B法则更受到投资人的喜爱。在123法则和2B法则中,123法则是主体,2B法则是123法则的补充,二者相辅相成,几乎可以解释趋势发生变化后的全部形态演变。

123法则内容包括以下三点。

(1)趋势线被突破。

(2)上升趋势不再创新高,或下降趋势不再创新低。

(3)在上升趋势中,价格向下穿越先前的短期回档低点,或在下降趋势中,价格上穿先前的短期反弹高点。

2B法则:在上升趋势中,如果价格已经穿越先前的高点而未能持续挺升,稍后又跌破先前的高点,则趋势很可能会发生反转。或是在下降趋势中,如果价格已经穿越先前的低点而未能持续下跌,稍后又涨破先前的低点,则趋势很可能会发生反转。

叙述到这里,相信读者已经明白了,图2-7中箭头所指的买点正是2B法则的精彩运用。那一刻,相对于其他买点,股价的安全性最高而风险最低。

下面我们用实例为大家讲解一下法则的内容。

如图2-10所示,这是海宁皮城(002344)的一段日线图,是123法则在上升趋势中的完美运用。从图中我们看到,股价先前一直保持着上升趋势,但是在1点的左侧,价格跌破了图中绘制的上升趋势线,这符合了法则中的第一条内容。跌破上升趋势线后,股价随即展开反扑。如果图中的2点向上突破了1点,然后又回到1点以下,则是2B法则最佳的应用点。现在价格的反

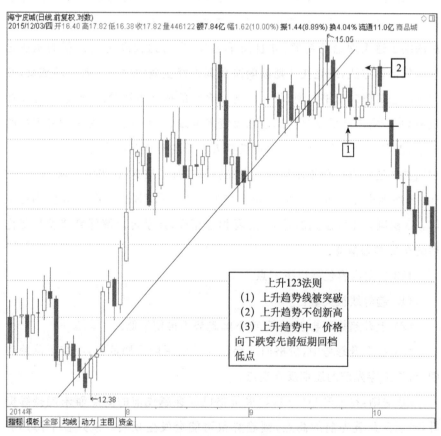

图2-10 海宁皮城日线图

扑并没有突破先前的高点,则是123法则的正常应用,即法则中第二条的内容。到最后,股价跌破1点的水平支撑,又符合法则中第三条的内容,说明趋势此时已经完全扭转。实战中,这三点原则不分先后,通常来讲,股价走势只要符合其中的两条,就可以提前采取行动了。

123法则在下降趋势中的运用,大家只需要反过来理解就可以了。至于2B法则的应用,大家参考前面的三个图例,仔细体会就可理解。

123法则和2B法则对趋势的论述以及对操作的指导都是非常具有实战价值的,如果有读者对123法则和2B法则感兴趣,除了可以自行查找相关资料理解和学习,也可以联系笔者,我们可以沟通交流,具体应用这里就不再赘述了。

2.2.3 PAVE指标的卖出技巧

介绍了PAVE指标在买入过程中的运用技巧,下面我们向大家介绍PAVE指标的卖出技巧。其实买入和卖出是相对的,就像一对孪生的孩子,彼此很相像,并有着难以割舍的联系。实战中,大家只要把PAVE指标反过来运用,就是很好的卖出时机。

PAVE指标波段卖出技巧一:当蓝色快速线向下死叉穿越紫色慢速线,灰色压力线向下发散时,卖出。

如图2-11所示,这是方正证券(601901)2015年5月至2015年10月的日线图。从图中我们看到,2015年6月下旬,PAVE指标在股价的高位发出了一个很清晰的、蓝色快速线死叉紫色慢速线、压力线下降的卖出信号。信号发出后一方面该股自身需要调整,另一方面也受到当时大盘爆发股灾,市场时常千股跌停,极不稳定的影响,该股由15.70元的高位一直跌到5.94元才止跌,产生了难以想象的巨大跌幅。

其实在这之前,PAVE指标在高位已经有过两次预警,只不过这次是头部完成以后主力留给我们的最后的逃命机会。在这之后,主力去意已决,股价也从此一泻千里。

图 2-11 方正证券日线图

下面我们再看一个超级大盘股的例子。

如图 2-12 所示,这是中国石油(601857)2015 年 6 月至 2015 年 8 月的日线图。2015 年注定是中国股市难忘的一段经历,相信多年以后,这段历史都会成为新股民在入市时接受风险教育的一部分,被永久地载入史册。这一年的 6、7 月间,中国股市爆发了历史上都少有的股灾行情,国内外势力勾结在一起,通过在期货市场建立大手笔空单,现货市场疯狂打压权重股的模式,造成大盘连续性、恐慌性的下跌。那段日子,个股经常上演大面积跌停的景象,以至于到最后"千股跌停"成为一个新的市场词汇。正是在这种万不得已的情况下,国家队调集上万亿的真金白银,通过中证公司、中金公司开始入场救市,而救市的首选,就是权重最大的中国石油。如箭头所示,在国家队第一轮救市的行情中,中国石油逆势而上,在大盘指数疯狂下跌的时候,在图中所示的区间做出了一连串的阳线。国家队拼命拉升中石油的目的,就是希望通过它较大的权重进而稳定其他蓝筹股,带动上证指数企稳。但事与愿违,国家队在坚持了将近一个月的时间后,PAVE指标发出了一个清晰的卖出信号。中石油再也坚持不住了,轰然倒地,两波下跌将股价由救市的最高点14.09元降到了7.97元,惨遭腰斩。

图 2-12　中国石油日线图

这个实例告诉我们一个道理,无论是大盘还是个股都是有其自身运行规律的,那种依靠非市场行为的维稳固然能起一时之效,但终究难抵市场这只无形之手。

下面我们看一下 PAVE 指标在指数上的应用。

如图 2-13 所示,这是创业板指数(399006)2013 年 10 月至 2014 年 5 月的日线图。从图中可以看到,在 2014 年 2、3 月间,也就是图中箭头所示的位置,创业板指数形成了一个横向的整理区间。单纯从 K 线形态以及 K 线组合来看,当时无法判定主力的意图。但此时 PAVE 指标在这个区间却忠实地连续发出了两次卖出信号,压力线也快速地下行。种种迹象都暗示这个地方筹码已经散乱,并且在这个区间发生了重大的转变,主力是在"明修栈道,暗度陈仓",市场随后以震荡下行的方式确认了这个头部区间的成立。

图 2-13 创业板指数日线图

与前面一样,运用本方法时股价所处的位置很关键。如果是相对高位,您可以放心地使用;如果是低位刚启动,而且是刚刚第一次死叉,您在卖出的同时还要多留意它今后的动作,看看股价是不是跌幅不多就缩量企稳。如果是那样,主力骗筹码的可能性就大增,您还可以找机会第二次上车。

下面我们介绍第二种有效的卖出方式,那就是顶背离卖出。

PAVE指标波段卖出技巧二:当指标形成顶背离后,蓝色快速线向下死叉穿越紫色慢速线,灰色压力线向下发散时,卖出。

顶背离与底背离一样,都是指标和价格之间发生了错位的关系,但相对于底背离,顶背离更具有迷惑性。这是因为在顶背离中,价格依然处在上涨的态势当中,而很多散户赚一回钱不容易,因此对于还在获利的筹码,很难下定决心卖出。正是这种侥幸的心理,很多人最后又被扔在了山顶山。

如图2-14所示,这是鲁泰A(000726)2015年5月至2015年7月的日线图。我们看到在价格创出新高之际,PAVE指标的高点却显著地走低了,与价格形成明显的错位关系,构筑了经典的顶背离形态。在这之后,伴随着蓝色慢速线向下死叉紫色快速线、压力线不断下移的过程,股价也展开了一轮高达40%的跌幅。

我们再来看一个实例,这个是笔者今年操作的一只股票。

如图2-15所示,这是广日股份(600894)2015年4月至2015年7月的日线图。这也是一个经典的顶背离信号。在价格维持在高位,甚至还创出了局部的新高时,PAVE指标的高点已经快速地下移了,就连灰色的压力线也已经开始下移了。我们看到股价随后由31.12元跌到13.1元,跌幅达60%,可谓触目惊心。

通过这两个实例,大家可能对PAVE指标顶背离的卖出有了一个直观的认识。若大家仔细观察、认真总结,就会发现顶背离形态,其实就是PAVE指标自身在高位两次死叉的过程。前面谈到过,波段行情中PAVE指标一次死叉有时就足以引发一次下跌,更何况如今是二次死叉。大家在操作中万万不可被价格的假象所迷惑,而要反复权衡利弊,如果已经获利丰

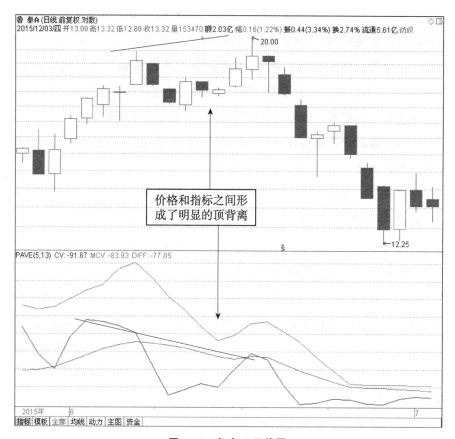

图 2-14　鲁泰 A 日线图

厚，就没有必要非得追求最高点出局。能做到稳健获利，卖到次高点其实已经是一个很不错的卖点了。

最后我们看一个 PAVE 指标在指数上应用的实例。

如图 2-16 所示，这是中小板指数（399005）2013 年 9 月至 2014 年 5 月的日线图。这是一个大型的顶背离形态，构筑时间长达 5 个月。我们看到，在图的左半部分，PAVE 指标其实已经有一个小型的顶背离形态出现了，并且引发指数展开了一轮下跌。在这轮跌势后，主力重整旗鼓，在底部震荡了两个月，随即展开新的升势，并在图的右侧创出了 5426 点的新高。可惜在这一轮升势中，PAVE 指标并没有跟随指数同步创出新高，而是在左侧高点下方

图 2-15　广日股份日线图

就止住了上行的脚步,从而与指数之间形成了顶背离。像这种时间跨度很大的顶背离形态一定要引起我们足够的重视,因为这是主力充分酝酿的结果。这里的经典运用依然是前面介绍的 2B 形态,如果您能熟练把握,在指数创出新高又反身跌破前高之时,同时结合 PAVE 指标的顶背离,相信您就能做到成功的逃顶。

PAVE 指标的实战应用到这里就全部介绍完了。相信读到这里,投资人对这个指标已经有了全新的认识。在众多的指标当中,PAVE 指标算是一个另类与冷门,很多投资人对这个指标都不是很了解,但这个指标若是与我们介绍的 123 法则和 2B 法则相结合,在抄底逃顶的过程中还是有其独到

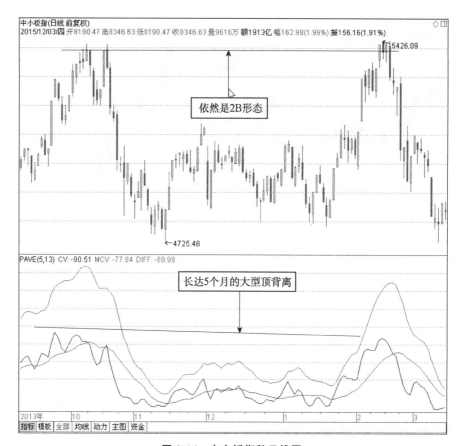

图 2-16 中小板指数日线图

之处的,希望广大读者能够善加运用,让 PAVE 指标成为您手中的投资利器。

2.3 市场成本指标(MCST)

MCST 指标翻译成中文叫"市场成本",这也是通达信系统自带的一个很重要的成本类指标。在通达信系统里 MCST 指标是一个副图指标,并且不知道是什么原因,与 MCST 指标配合使用的不是我们常用的蜡烛图(即 K

线),而是将它与美国线放在了一起。我们不大习惯看美国线,可能出于这个原因,MCST 指标也因此被打入冷宫,不受我们爱戴,让我们平白错失了一个优秀的指标。

这一节,我们就为 MCST 指标正名,让其重见天日。

2.3.1 MCST 指标的改造

想要认识 MCST 指标的优秀,首要的一步就是要让它适应我们的使用习惯。大家在键盘上敲击 M、C、S、T 四个英文字母,就可以将 MCST 指标从系统里调出来,它的全貌是这个样子的。

如图 2-17 所示,副图上显示的就是 MCST 指标,其中的蓝线就是 MCST。相比于简洁明快的蜡烛图(K 线),配合 MCST 指标使用的美国线(系统简称 BAR)的确不符合我们的审美,相信很多人还看不懂,这自然妨碍了 MCST 指标的普及与使用。最让人不解的是,当您想要对 MCST 指标进行函数修改时,通达信系统会告诉您,这是系统加密公式,不允许您修改,真是暴殄天物呀。

为了改变这个局面,很多人对这个指标进行了函数的破解,并最终解决了这一难题。下面,笔者就在这里放出 MCST 指标的源码,便于投资者今后的使用。

MCST 指标源码如下。

DMA(AMOUNT/(100 * VOL),VOL/CAPITAL);

为什么要放出指标源码,一方面是方便广大投资人的使用;另一方面是为了后面内容的需要。因为通过实战研究,想要使 MCST 指标发挥其最大的功效,最好是将其放在主图上,配合蜡烛图使用。

如何将 MCST 指标改造为主图指标,如果是一个老股民,并且对通达信软件系统熟悉,相信这不是什么问题,但考虑到本书读者的受众群体水平参差不一,因此这里还是将改造的步骤进行一下简单的罗列,方便大家自己动手修改。

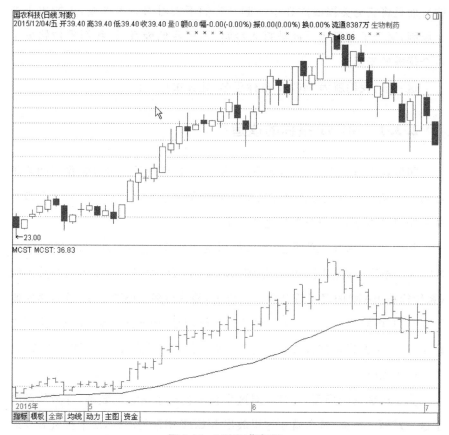

图 2-17 MCST 指标图

（1）将指标源码进行复制。

（2）在菜单栏中选择"工具"菜单并选择工具栏。

（3）在工具栏中找到公式管理器并单击。

（4）单击用户，再单击其他类型，最后单击新建。

（5）出现指标公式编辑器方框后，将复制的指标源码粘贴到上面。给公式起一个好名字，最主要的是选择主图类型，然后单击测试公式按钮。如果显示测试通过，恭喜您，改造任务已经完成了。

如图 2-18 所示，这是最后一步的画面，大家只要做好这几步，相信一定能成功。

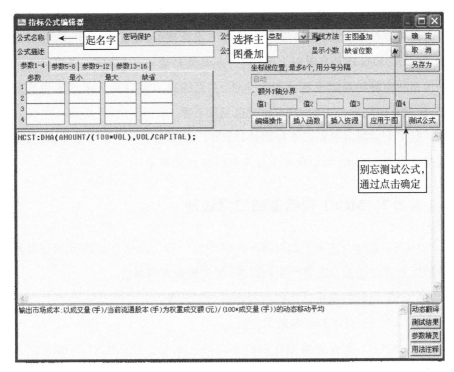

图 2-18 公式改造图

公式改造完成后,大家就可以在主图上使用这个指标了。当然,由于需要和原有系统公式名称不发生冲突,因此您现在的公式已经不能叫 MCST 指标了,它有了专属于您的名字,不过我们这里为了方便讲解,还是称作 MCST 指标。

凡事都有其两面性,改造后的 MCST 指标固然方便了您的使用,但在使用过程中有几点还需要您注意一下。

(1) 很可惜地告诉您,在主图的设置下,指数类(包括大盘指数、板块指数)的蜡烛图与 MCST 指标不兼容。解决办法还是看未改造的副图指标吧。

(2) 观察个股时,需要选择不复权状态下的图表。

为什么需要选择不复权的图表?这个原因很好解释。因为 MCST 指标是成本指标,反映的是市场平均价格成本。如果选择复权后的图表,市场的真实成本就会遭到巨大的扭曲,就不能真实地反映出市场的状况。您现在知道主力为什么喜欢送股除权了吧。在股东权益不变的情况下,送股除权一方面可以拉低股价,让投资人看起来比较能接受,毕竟相对于40元的股价,20元的股价还是有吸引力的;另一方面就是通过送股除权,可以名正言顺地扭曲市场的真实成本。如此一来,主力的成本可以最大限度地得到隐藏,您就算想跟随主力的脚步,此时也无从下手。

除了上述提及的两点不便之处,MCST 指标的优点还是非常突出的,特别是在中长线方面,可以称得上是中长线操作的神器。

2.3.2　MCST 指标基础应用法则

MCST 指标在主图上的反映与一根均线一样。事实上该指标就是以均线的形式将市场成本真实地反映出来,便于投资者观察。

MCST 指标的应用法则归纳起来有如下几条。

(1) MCST 是市场平均成本价格。

(2) MCST 上升表明市场筹码平均持有成本上升;MCST 下降表明市场筹码平均持有成本下降。

(3) 当股价在 MCST 曲线下方,且离 MCST 不远时,若股价翻红应关注,若向上突破 MCST 曲线应买入。

(4) 当 MCST 曲线的下降趋势持续超过 30 日时,若股价在 MCST 曲线上方翻红应买入。

法则很简单。其中法则当中的第一和第二条是说 MCST 指标的性质,我们看过就可以理解了。法则当中的第三和第四条涉及操作,我们用图为大家解释一下。

如图 2-19 所示,这是平安银行(000001)2014 年 9 月至 2014 年 12 月的日线图。这幅图可以很好地解释 MCST 指标应用法则中第三条的内容。我们看到图中 MCST 指标处在一个缓慢下行的态势当中,此时股价在 MCST 指标下方连续三次出现翻红的情况,并最终以涨停板的方式突破了市场成本,拉开了一轮上攻的序幕。

图 2-19　平安银行日线图

下面我们再通过一个实例，看看 MCST 指标法则四的内容是怎样演变的。

如图 2-20 所示，这是国农科技（000004）2015 年 7 月至 12 月的日线图。在图中箭头标注的地方，是 MCST 指标趋势的变化情况。MCST 指标由上升转为下降，共运行了 35 个交易日，股价随后在 MCST 指标上方连续 3 天翻红，构成了法则四的买点要求。

MCST 指标基础应用法则相对而言非常简单，但读者看到这里或许有些不解，能真实反映市场成本的这么一个指标，其市场应用真的仅仅限于上述这几点吗？应该说读者有疑虑是很正常的，实际上，MCST 指标的作用也

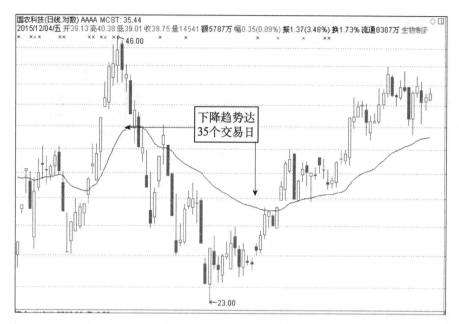

图 2-20　国农科技日线图

的确不仅仅是这些。上述的四点不过是该指标的基础应用,反映的不过是该指标的理论框架。实战当中要想让 MCST 指标发挥最大功效,我们还需要为它添加一些辅助条件。

2.3.3　MCST 指标的实战买入技巧

高风险的市场,仅仅依靠理论框架是远远不够的。近些年的实战中,人们对该指标的认识不断地加深,同时围绕着 MCST 指标也开发出一些独有的战法,这里就为大家予以详细地介绍。

买入技巧一:MCST 指标走平或上行,股价缩量回落受到 MCST 指标支撑,买入。

MCST 指标反映的是市场的真实成本,当股价与 MCST 指标接近,就说明这一时刻价格与市场成本趋于一致,短时间内几乎没有获利盘与解套盘,也就意味着股价上方没有压力存在。如果此时 MCST 指标还不断上升,意味着市场成本总体在上升,此时操纵股价的主力如果不想让自己被套,那么就要想办法拉升股价,以便让自己处在获利的状态,这也就是本技巧得以实施的理论基础。

如图 2-21 所示,这是平安银行(000001)2014 年 10 月至 2015 年 4 月的日线图。我们看到,该股股价在 2014 年 11 月和 2015 年 3 月两次缩量回落整理,此时 MCST 指标均处在上行态势当中,意味市场整体成本在不断地上移,股价随后两次受到 MCST 指标的支撑,连续发动了两次行情,股价轻松翻倍。

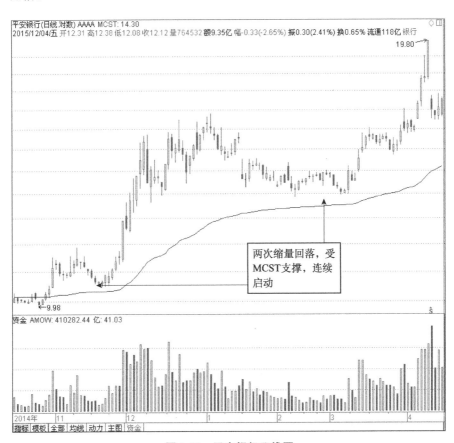

图 2-21　平安银行日线图

我们再看一个实例。

如图2-22所示,这是南宁百货(600712)2015年3月至2015年6月的日线图。从图中可以看到,股价之前有一段上涨,之后开始缩量回落,其中最低点刚好达到上扬的MCST指标处,受到MCST指标的强力支撑。再确认支撑有效后,该股随后以一根长阳线覆盖了低点的阴线,形成了经典的阳包阴启动态势,其信号清晰可辨。

图2-22 南宁百货日线图

在市场中,像这种受到支撑再次启动的走势几乎可说是随处可见,其中隐含着大量的投资机会。正因为大家对MCST指标不了解、不熟悉,这样的机会都白白错过了。相信假以时日,投资者对该方法运用纯熟后,定会觉得市场遍地是黄金。

买入技巧二:股价深跌,远离 MCST 指标,此时股价若在 MCST 指标下方走出经典见底形态并突破,买入。

从价值投资角度来说,价格的变动将永远围绕着上市公司内在的价值而上下波动。从技术分析来说,股价的变化将永远围绕着 MCST 指标,也就是市场成本来变动。市场成本对价格有吸引作用,涨多了会以下跌方式向市场成本靠近,跌多了也会受市场成本的吸引,拉回一些跌幅,本方法的投资逻辑依据的就是这个原理。

那么超跌的标准如何界定呢?很遗憾,目前还没有固定的量化的标准。实战中一般以股价处在 MCST 指标下方并远离 MCST 指标 30% 的空间作为一个衡量的幅度,满足这个幅度就算超跌了。

如图 2-23 所示,这是伟星股份(002003)2013 年 4 月至 2013 年 10 月的日线图。从图中可以看到,在十字光标定格的地方,MCST 指标的值显示为 10.35 元,而十字光标最低点为 7.58 元。计算下来 $(10.35-7.58)/10.35 \times 100\% = 27\%$,基本满足幅度要求。最主要的是,该股经过大幅下跌后,在 MCST 指标下方走出了一个经典的头肩底形态。形态构筑完成后,我们说该股已经符合了买入条件。我们看到该股最终放量形成了突破,随后走出了一波超跌反弹行情。

我们再看一个实例。

如图 2-24 所示,这是特变电工(600089)2012 年 9 月至 2013 年 1 月的日线图。我们看到该股一直在 MCST 指标下方运行,并远离 MCST 指标。那么该股符合买入要求吗,是否达到了超跌的状态?我们计算一下,在以十字光标定格的那一天,MCST 指标数值显示为 9.14 元,而当天 K 线最低为 5.62 元,计算下来 $(9.14-5.62)/9.14 \times 100\% = 39\%$,满足了超跌的幅度要求。更主要的是,该股在底部构建了一个跨度为 3 个月的双底形态,为超跌反弹打下了一个坚实的基础,该股随后突破形态颈线放量拉升,完成了一波中级行情。

图 2-23　伟星股份日线图

对于这种极度超跌的市场行为,内在的机理其实是反映了人们心理层面的恐慌,造成短时间内价格的急剧下跌。这时如果您秉持人弃我取的投资理念,在人们不堪忍受的时候大胆买入,其实反而是处在相对的安全当中。

前面的两个例子是为了说明本方法的内在机理,下面笔者展示一个真实的案例。

如图 2-25 所示,这是前面多次提到的一只股票,方正证券(601901)。我们看到该股从 16.98 元开始一路下跌,最低达到了 5.94 元,已经远离 MCST 指标。此时以十字光标为定格点,可以看到 MCST 指标显示为

图 2-24 特变电工日线图

10.71元。我们计算一下,(10.71－5.94)/10.71×100％＝45％,下跌幅度已经远远达到超跌的标准,笔者当时将其纳入自选股进行观察。该股随后在低位走出了经典的头肩底形态,随后略微放量突破颈线,并在整理后放量拉出主升段。从突破颈线的价格算起,短短时间升幅接近于翻倍。

实战中各种各样的问题都会遇到,本方法只是提供一个大致的判断依据,有的时候,股价并不会跌这么多,距离 MCST 指标也就 15％～20％ 的空间,但这并不妨碍这种方法的使用,只不过到时对股价上涨幅度的预期也要相对放小。

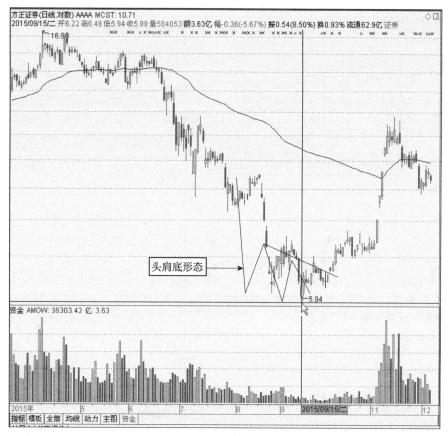

图 2-25　方正证券日线图

2.3.4　MCST 指标的卖出技巧

MCST 指标若是一路下行，则预示市场成本随着人们的抛售行为而不断地降低。如果这个时候股价有机会回到市场成本附近，也就是说接近了人们的成本价，出于对后市的悲观预期，更多的人都会选择解套出局。大量的解套盘涌出，势必会加重市场的抛压，股价因此也会受阻回落，从而构成了本方法的卖出信号。

卖出技巧一：MCST 指标下行，此时股价若在远离 MCST 指标处由下至上接近 MCST 指标，容易受阻回落，卖出。

这个卖出信号大部分时间是与前面买入信号二配合使用的，即大部分超跌反弹的行情都会在 MCST 指标附近受阻，一路下行的 MCST 指标其压力不容小觑。

如图 2-26 所示，这是前面介绍买点时用过的图例，即特变电工的日线图。从图中可以很清晰地看到，该股超跌并远离 MCST 指标，随后用 3 个月的时间构筑了一个双底形态，并在底部形态完成后放量上攻。从最低点 5.51 元算起，一路上攻到 8.35 元，幅度达 60%，攻势不可谓不猛烈。但就是这种猛烈的攻势，在遇到下行的 MCST 指标，即靠近市场成本时，巨大的抛压也让攻势戛然而止。

图 2-26　特变电工日线图

这种受阻回落的现象在市场当中普遍地存在,如同投资者习惯使用均线一样,以均线化形式表现出来的 MCST 指标与均线的功能有时候是相仿的,这种卖出技巧就与均线反压的方法类似。

如图 2-27 所示,这是漫步者(002351)2011 年 12 月至 2012 年 4 月的日线图。理解了这种卖出技巧的内在机理,这幅图就可以很好地理解了。股价在远离 MCST 指标后满足了超跌的幅度要求,随后受到市场成本的吸引,在低位做出一个变形的双底形态后开始发力上攻。但 MCST 指标的下行压力是显而易见的,股价在接近 MCST 指标的时候,似乎心有畏惧,未等靠近就以一根十字星结束了这波行情。究其原因,就是市场当中的投资者发现股价靠近自己的成本时,纷纷选择解套出局,巨大的解套盘将股价打压了下来。

图 2-27　漫步者日线图

如果说卖出技巧一主要是为了保住超跌反弹的利润,让我们懂得适可而止,那么下面介绍的这种卖出技巧则是为了获利了结,躲避顶部。

卖出技巧二:MCST指标上行,股价放量急速拉升且远离MCST指标,卖出。

如图2-28所示,这是东方电缆(603606)2015年3月至2015年6月的日线图。可以看到,股价在缩量靠近MCST指标并受到其支撑后,受即将大比例送股除权题材的支撑,放量展开了一轮急速地拉升,上涨过程中不乏涨停板。不明所以的投资者一定会被这种假象所迷惑,殊不知这是主力借高送转题材拉高,利用涨停板冲顶的手法。我们看到该股在远离MCST指标的

图2-28 东方电缆日线图

时候开始实施送股除权。大比例送股后，股价留下了巨大的除权缺口，如果主力真的拉升，就会立刻展开填权行情。但我们看到该股非但没有展开填权行情，反而是急速下跌，展开了贴权行情，这就会令参与其中的投资人损失惨重。

看过了以除权方式确立顶部的例子，下面我们再看看正常情况下股价见顶的例子。

如图 2-29 所示，这是华帝股份（002035）2015 年 5 月至 2015 年 7 月的日线图。与上一个例子相似，股价缩量回踩 MCST 指标并受到其支撑后开始展开拉升，并且这种拉升速度越来越快，最后连续四根中大阳线将拉升的斜

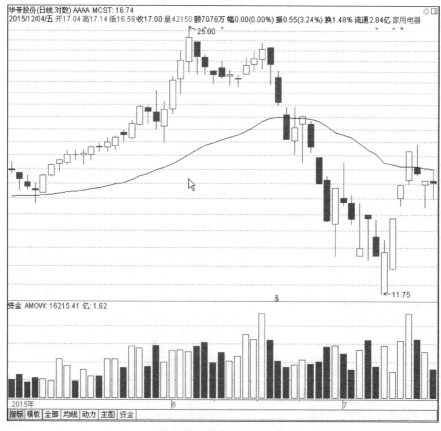

图 2-29　华帝股份日线图

率带到一个很倾斜的角度，股价已经远离了 MCST 指标。该股随后构筑了一个小双顶形态开始诱多，然后立即开始下跌，股价由最高价 25.00 元跌到 11.75 元，跌幅接近 60%。

看到这里，细心的读者或许已经意识到，这两种买卖信号之间似乎有着某种联系。确实如此，这两种买卖信号就是相互对应的。当利用买点一的技巧，在股价缩量回踩 MCST 指标时买入后，就要时刻想着利用卖出技巧二，在股价快速放量冲高的时候寻找卖点出局；同理，当利用买入技巧二在股价超跌后进场买入，准备博取反弹行情时，就要做好股价一旦反弹后，利用卖出技巧一在股价靠近 MCST 指标时落袋为安。如果股价一直在 MCST 指标附近，您也可以利用 MCST 指标基础法则的第三条，在股价突破 MCST 指标时买入。

股价与 MCST 指标之间的状态无非三种：一是在指标上方；二是在指标下方；三是在指标附近。只要您掌握了本章介绍的买卖点，再加上 MCST 指标基础法则的第三条，您就可轻松应付股价变动的常规行情与极端行情，如此一来，MCST 指标必将成为您手中操作的利器。

2.4 成本均线（CYC）

在第 1 章中我们曾提到，国内最早认识到筹码理论，并将市场成本用均线的形式表现出来的人是陈浩老师。从此以后，成本均线这个概念才被投资者接受，并在市场当中流传开来。

我们这里所说的成本均线的概念，主要是反映市场平均持筹成本的成本均线。在通达信证券投资分析软件中，成本均线用 CYC 来表示。那么均线与成本均线，二者的区别在哪里呢？关键的一点，就是成本均线在计算中考虑了成交量的作用，并用神经网络方法解决了在计算时间内短线客反复买卖的问题，可以真实地反映最后的持股人的成本。

如图 2-30 所示，图中不同颜色的四根均线就是成本均线。在通达信系统里面，成本均线被设置成四根，分别是 5 日成本均线、13 日成本均线、34 日成本均线以及市场无穷成本均线。其中 5 日成本均线、13 日成本均线、34 日成本均线分别代表 5 日、13 日、34 日的市场平均建仓成本，而无穷成本均线则表示市场上所有股票的平均建仓成本。在成本均线中，无穷成本均线是最重要的成本均线，是市场强弱的重要分水岭，股票价格始终围绕着它做上下的波动。

图 2-30　成本均线图

请注意，与 MCST 指标一样，CYC 指标同样需要在不复权的图表条件下应用。其原理也与 MCST 指标一样，如果您复权使用，市场成本就会被人为地扭曲,从而失去它的使用意义。

2.4.1　CYC 指标的特点

CYC 指标的应用非常简单,与投资人广泛使用的均线没有什么特殊的区别。该指标反映投资者平均持股的成本,其中 5 日和 13 日成本线对短线操作比较有意义,而 34 日成本线可以指导中线的行情,实战中有的人就将无穷成本均线看作一根类似于半年线的长期均线。总之,应用在均线上的技巧,都可以在 CYC 指标上加以应用。相对于 MCST 指标的单一性,CYC 指标有如下特点。

(1) CYC 指标的参数可以根据投资人的个人喜好加以调整。5 日、13 日、34 日成本均线是一个均线组,采用的时间周期是费波纳茨的时间序列参数。有的投资人不习惯这样的参数设置,不要紧,您可以自行调整到您喜欢的参数上来,例如 5 日、10 日、20 日,或者 5 日、10 日、30 日,甚至是 5 日、20 日、60 日都可以。

(2) CYC 指标与 MCST 指标不同,它可以在指数类图表当中使用,这是它比 MCST 指标优越的地方,也是其得以广泛流传的原因之一。

(3) CYC 指标的均线组可以密切地跟踪价格的变化,及时地反映价格的异动。

(4) 有的时候,CYC 指标中无穷成本均线与 MCST 指标反映的市场成本完全一致。

2.4.2　CYC 指标的实战秘钥

常规的、类似于均线的用法其实已经能够满足 CYC 指标的应用需要,但在市场中,大众都知道的操作技能不见得能让投资者赚取到利润,广大投资人迫切想掌握一种独门秘技,以此来笑傲股市。

应该说市场当中并没有百分百获胜的秘诀,但掌握一种获胜概率相对大一点的技术手段还是可以实现的,本节介绍的 CYC 指标实战秘钥方法恰好可以满足投资人的需求。

在前面的叙述中我们已经提到,无穷成本均线与 MCST 指标有时候完全一致,就算不一致,相差也不是很大。这是因为它们都属于成本均线类指标,因此反映的内在机理其实都是大同小异的。我们还提到,这根均线在 CYC 指标中是最重要的一根均线,它是市场强弱的重要分水岭,所以整个 CYC 指标,精华就在这根无穷成本均线上面了,我们的投资秘钥也着眼于它。

CYC 指标的实战秘钥一:移植 MCST 指标买卖法则到 CYC 指标身上。

如图 2-31 所示,这是东方市场(000301)2015 年 6 月至 2015 年 12 月的

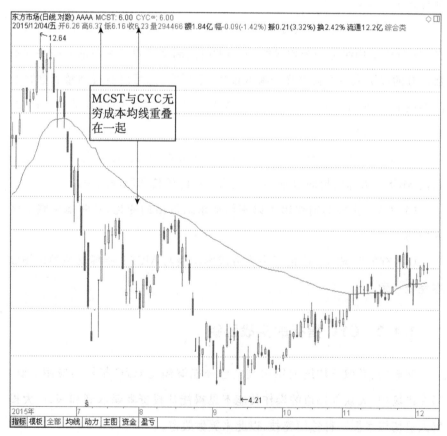

图 2-31　东方市场日线图

日线图。在这幅图上,我们用技术手段将 MCST 指标与 CYC 指标中无穷成本均线放在了一张图上。我们可以看到,图中只有一根均线,这说明 MCST 指标与 CYC 指标中无穷成本均线的值完全一致,二者重叠在了一起。既然二者重叠,那就说明用 CYC 指标中无穷成本均线完全可以代替 MCST 指标使用,那么前面提到的 MCST 指标的买卖技巧也就完全可以复制到 CYC 指标上。

看过了无差别图,下面我们看一幅两个指标有差别的图。

如图 2-32 所示,这还是一幅 MCST 指标与 CYC 指标中无穷成本均线的叠加图。从这幅图里我们看到,MCST 指标与 CYC 成本均线指标之间有

图 2-32　成本均线叠加图

了差别，二者并没有如第一幅图那样完全重叠在一起。我们发现，尽管两根成本均线并没有重叠，但股价的变化结构却是一样的，都符合 MCST 指标中提到的第一种买点规则，只不过是股价的支撑点落在不同的市场成本均线上而已。这就说明，就算二者不重叠，也不影响 MCST 指标买卖法则在 CYC 成本均线上的使用。

关于 MCST 指标其他的买卖法则在 CYC 成本均线上的使用，大家可以随手翻看股票自行总结，这里就不多占篇幅了。

有读者会问，如何将 MCST 指标与 CYC 成本均线放在一起看。其实很简单，在您改造后的成本均线指标上面，再将 CYC 指标中成本均线指标源码放在里面就可以了。在通达信证券投资分析软件系统里面，CYC 指标是不加密的。需要说明的是，CYC 指标有四根均线，您可以完全复制，也可以选择您需要的无穷成本均线复制，任何做法都是可以的，只要您个人喜欢就好。

CYC 指标的实战秘钥二：引入无穷成本均线的乖离率，判断顶底。

乖离率（英文缩写 BIAS）是移动平均原理派生出的一项技术指标，也是均线使用过程中的一个很重要的技巧，它反映的是股价与均线之间距离的远近。

在著名的葛兰碧移动平均线八大买卖法则中，其中第四和第五条法则揭示了当股价距离移动平均线太远时，股价不论在移动平均线的上方或下方，随时都有可能向移动平均线靠拢，从而产生了一个买进或卖出的时机。遗憾的是，这两条法则没有提出股价距离移动平均线多远时，才是最佳买卖时机，从而让移动平均线的"信徒"在使用时往往拿不定主意，不是导致错失良机，就是诱导他们提前进入损失。针对这种情况，市场人士进行了大量的数据比对分析，提出了乖离率这一指标，主要功能就是对这两条均线应用法则进行补充，从而在理论上解决了移动平均线理论的某些不足。

乖离测市原理的基础建立在移动平均分析理论三大假定之上，即移动平均线的方向是股价走势的趋向指标,当股价因短期波动偏离这个趋向指标达到一定程度时,移动平均线将会产生一定的拉力,使股价重新返回原有趋势路径上。而乖离率则表示股价偏离趋向指标的百分比值。

在这里我们借用这样的理论,引出另一个概念,就是 CYC 指标中无穷成本均线的乖离率。无穷成本均线反映了市场的成本,在成本之上意味着盈利,在成本之下意味着亏损,所以我们给无穷成本均线的乖离率起名字就叫盈亏指标。

前面说过,无穷成本均线是市场强弱的重要分水岭,那么可以断定,无穷成本均线的乖离率对中长期走势判断具有决定性的作用。

乖离率的计算公式如下:

BIAS＝(当日指数或收盘价－N 日平均指数或收盘价)÷N 日平均指数或收盘价×100%

我们套用这个公式,就能导出无穷成本均线的乖离率,即盈亏指标。

如图 2-33 所示,图中副图指标就是盈亏指标,也就是无穷成本均线的乖离线,它反映的是股价与主图无穷成本均线的距离远近。具体到这幅图,就是当股价远离无穷成本均线时,盈亏指标会领先股价展开调整;当股价和无穷成本均线相距不远时,如果趋势没有发生根本性的变化,盈亏指标会领先股价再次启动。

那么这样一个指标,它的作用是什么呢？实战中能给投资人怎样的帮助呢？既然是均线的乖离率,那么它的用法与其他均线乖离率的用法没什么两样,但反映的市场意义却绝不相同。如果说其他均线反映的是某一个时间周期的市场变化,那么盈亏指标针对的则是一只股票从上市以来的整体变化情况,您可以从它的身上判断这只股票的整体牛熊格局。

如图 2-34 所示,这是汉王科技(002362)2015 年 6 月至 2015 年 11 月的日线图,其中副图指标就是盈亏指标。我们看到,股价在下跌的过程中,呈现出底部逐级降低的态势,但盈亏指标却并未跟随同步下跌,而是走出了与

图 2-33 成本均线乖离图

股价错位的走势,呈现出的是底背离的形态,并在随后提前价格突破了指标的下降压力线,让投资人有充裕的时间买在了相对的低位,尽享股价随后飙升的乐趣。

我们再看一个例子。

如图 2-35 所示,这是万科 A(000002)2015 年 5 月至 2015 年 12 月的日线图。在这幅图里,盈亏指标不再如上图呈现出明显的顶底结构,但却配合震荡的股价走出了一个收敛的三角形形态,并最终形成指标的突破格局,进而带动股价依托无穷成本均线形成了快速拉升之势。要知道万科的流通盘高达 97 亿,这样一个大盘股能短线飙升,实属不易。

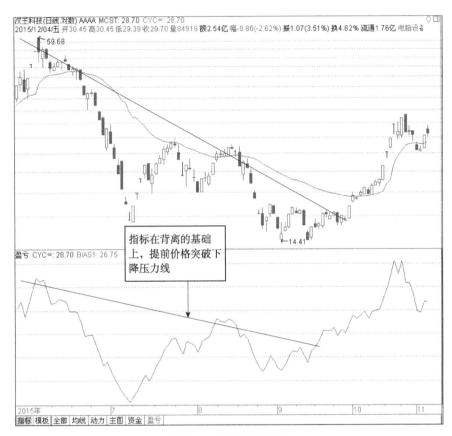

图 2-34　汉王科技日线图

看过了盈亏指标的提前抄底功能,下面我们再看看它在逃顶的过程中表现如何。

如图 2-36 所示,这是丰原药业(000153)2015 年 4 月至 2015 年 7 月的日线图。我们看到,盈亏指标在最初跟随股价同步下跌后,随后不再理会股价的上冲,而是独自走出了自身的运行轨迹。不知大家是否还记得前面提到的 123 法则,本实例的盈亏指标就走出了这一经典的趋势逆转形态。盈亏指标先是出现顶背离,然后领先股价率先跌破上升趋势线,随后反弹不过原先高点,并在最后跌破了指标的原先低点,开始一路下跌。应该说,123 法则里面的内容在盈亏指标身上已经得到全部的满足,这时我们再看股价,股价在

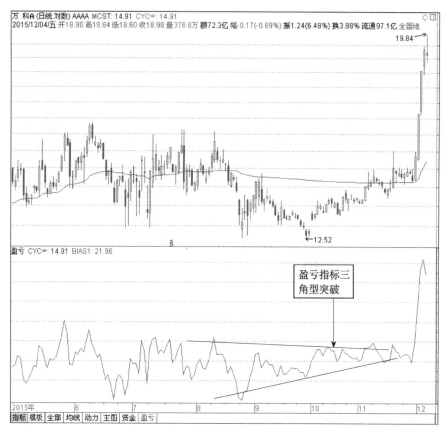

图 2-35　万科 A 日线图

此时才开始跌破成本均线，继而展开了暴跌行情，从 19.99 元一直跌到图中的 8.10 元，跌幅高达 60%。

我们再看一个实例。

如图 2-37 所示，这是马应龙（600993）2015 年 4 月至 2015 年 7 月的日线图。理解了上图，本图就相对简单了。从图中可以看到，盈亏指标依然领先股价跌破了上升趋势线。与上图的区别在于，本例的盈亏指标已经没有了如上图般的反弹动能，在跌破趋势线后仅疲弱地略作整理，随后就一去不回头了。指标的这种疲弱走势反映的是股价趋势的弱化，股价的跌幅大家也看得到，由高点 52.52 元一直跌到 19.03 元，真是惨

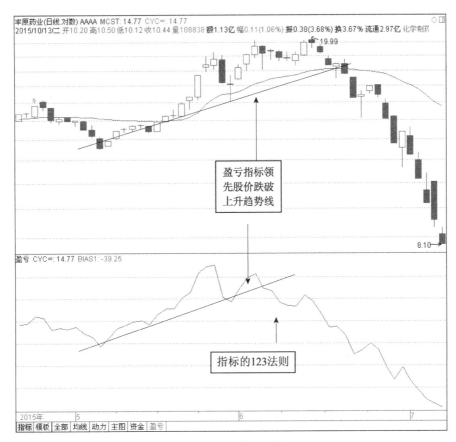

图 2-36　丰原药业日线图

不忍睹。

看到了吗,这就是盈亏指标的功能,在股价还没有充分做出反应之前,它已经提前于股价做出了反应。市场当中有句谚语,"看懂三日行情,即富可敌国"。我们看不懂行情,但我们可以提前采取行动,及实地调整我们的策略,做到趋利避害。就算一日不够,但三日总够了吧。

最后有一点需要说明,盈亏指标与 MCST 指标一样,只能用在个股身上,在指数以及板块指数上面却不能应用,这也是非常可惜的。有没有什么办法解决这样的问题,让成本均线以及它的乖离全部发挥作用呢?我们需要寻求技术手段上突破。

图 2-37　马应龙日线图

2.5　双线合璧（MCST＋CYC）

对于系统设置的限制，如果我们放弃寻求突破，那么成本均线的优势就白白丧失一半了，这对于投资者来说实在是有点儿可惜。

前面我们提到过，在有些场合与时间，MCST 指标与 CYC 指标中的无穷成本均线是一致的。为了达成技术上的突破，笔者曾做过统计，发现两个成本均线指标相互重叠在一起的时间占了 60% 左右，另外大概 20% 的时间，两个指标相距并不是很远,几乎可以认为是重合的,这就为我们技术上的突破提供了思路,那就是我们可以利用两个指标的特性,将它们糅合在一起,打造出一个新的指标,既兼容二者之所长,又可以克服二者之所短,如此一来就可以让成本指标成为我们投资的新武器。

2.5.1 双线合璧的步骤

通过前面的总结,我们已经知道,MCST 指标可以应用在个股上,但在指数间却不能应用,CYC 指标中的无穷成本均线可以用在指数上,但其乖离率的指标,也就是盈亏指标却不能应用在指数上,这里我们就取长补短,建立一个以 CYC 指标中的无穷成本均线为参照物的主图指标,同时以 MCST 指标为基础,建立一个副图盈亏指标,如此一来就完全解决了问题。

如图 2-38 所示,这是上证指数,主图中黑色横向线就是 CYC 指标中的无穷成本均线。读者可以自己取个名字,这里为了简便就用"AAAA"四个字母代替了;下面副图中的浅黑色线就是 MCST 指标的乖离率,我们取名为盈亏指标。通过这样的设置我们就能完全实现自己(注意:软件中为紫色)的想法了。

完成对指标的设置后,下面我们用图例看看这样的设置在实战中的应用。

2.5.2 指数上涨模式的应用

我们首先看看双线合璧模式如何寻找指数的买点。

如图 2-39 所示,这是创业板指数(399006)2015 年 6 月至 2015 年 10 月的日线图。我们可以看到,创业板指数最初围绕成本均线横向整理构筑了一个平台,随后跌破成本均线再次展开下跌。指数在远离成本均线下方时成功构筑了一个头肩底形态。感兴趣的读者可以利用软件上的十字光标在

图 2-38　上证指数

指数创下 1779 点的那一天作为定格点，看看当时的成本均线处在什么点位。笔者读取的数值是 2582 点。

我们计算一下，(2582－1779)/2582×100％＝31％，符合超跌的标准。

在指数跌幅达到超跌标准，成功构筑头肩底形态后，我们看到副图中的盈亏指标此时也走出了底背离的态势，并领先指数率先完成对下降压力线的突破。看到这里我们就不难理解了，为什么在 2015 年年底的这一轮上涨行情中，创业板指数走得最强，好多创业板股票都走出了一轮中级行情，有的股票短短时间就完成了翻倍。

我们再看一个实例。

图 2-39 创业板指数日线图

如图 2-40 所示,这是板块指数中公共交通板块指数(880453)2015 年 7 月至 2015 年 10 月的日线图。我们看到在 2015 年的 9 月,公共交通板块在完成对成本均线的突破后开始缩量回踩,并在受到开始上涨的成本均线的支撑后开始第二次上涨,此时副图的盈亏指标也在回落企稳后完成了对下降压力线的突破。板块的走强预示着该板块内个股的普遍走强,正是依托板块的崛起,该板块内的锦江投资由 21 元起步,涨到 53.7 元,完成了一波 150% 的涨幅,成为当时与特力 A 齐名的"妖股"。

指数的上涨模式与个股并无大的区别,若说有区别,可能就在跌幅上,因为指数有的时候并不会完全超跌,这个时候只要其他条件符合,大家还是

图 2-40　公共交通板块指数日线图

可以应用的,只是上涨预期要适当地缩减。

　　大家可能对我们在这里介绍的指数不大理解,认为不如用个股举例来得真切有实战感,其实这是一个误区。当今的市场,投资的品种已经大为丰富了,不再似以往仅仅局限在股票上面,随着反映不同投资品种指数的完善,我们已经来到运用指数投资工具进行谋利的时代了。在这当中,最简便易行的,就是指数基金(英文简称 ETF)。投资人经常抱怨"赚指数不赚钱",其实如果您投资指数基金,就可以实现既赚指数又赚钱的梦想。当然,指数投资与本书内容关系不大,这里只是提示大家,多看指数对您的投资还是有帮助的。

2.5.3 指数下跌模式的应用

看过了指数间的上涨类型,下面我们看看下跌的两种模式,与个股也几乎相同。

如图 2-41 所示,这是板块指数中船舶指数(880431)2015 年 8 月至 2015 年 12 月的日线图。我们可以看到,该板块由于不是市场当时的主流热点,因此量能上缺乏持续地支持。指数在成本均线下方虽然构筑双底,但远远达不到超跌的要求,因此超跌反弹的上涨空间也是有限的。指数在疲弱地上涨一段后就失去了动力,特别是在两次靠近成本均线时量能开始凌乱,表明

图 2-41　船舶指数日线图

市场上的筹码开始松散,主力无心恋战,早早地放弃了抵抗。从图中可以清晰地看到,指数后续的表现极其疲弱,开启了缩量阴跌的模式。在这种结构中,后市若没有主力的再次建仓行为,弱势很难改变。类似于这种模式钢铁板块、煤炭板块在相同时间段也都出现过,大家可以自己看一下,增加对这种模式的认识。

最后我们看看指数在远离成本均线、拉高出货的模式。

如图 2-42 所示,这是中小板指数(399005)2015 年 5 月至 2015 年 7 月的日线图。我们看到,指数经过拉升后已经远远地离开了成本均线,内在调整的需求越来越强烈。在指数还在高位徘徊时,盈亏指标已经与指数形成了

图 2-42　中小板指数日线图

顶背离,并领先指数完成了对上升趋势线的突破。这种突破不是一时的,而是对趋势的扭转,因为此时盈亏指标已经完成了123法则的全部内容。逐渐萎缩的量能已经支撑不住指数的自身重力,随后就是飞流直下的走势,指数由12 084.30一口气跌到了7242.35,不到一个月的时间就跌去了将近5000点。

将双线合璧的内容介绍完后,关于成本均线的内容就告一段落了,希望本章的内容能对大家正确理解市场成本有所帮助。对于习惯使用指标的投资者来说,本章的内容相信能为您打开另一扇窗,让您在常用的指标之外,发现另一个世界。如果您潜心研究,应用得当,成本均线无疑会成为您了解市场整体状况的手中利器,帮助您纵横股海,抄底逃顶。对于想要了解筹码理论更深内容的投资者来说,本章也是一道很好的开胃菜,让您对后面的内容有个更好的铺垫,毕竟筹码理论的开山鼻祖也是从成本均线开始研究的。无论如何,本章内容都会对愿意了解、掌握筹码理论的人有所帮助,接下来,我们就共同走进由成本均线延伸出的筹码理论。

第3章
筹码实战技法

市场上的筹码无时无刻不在流动,因为交易随时都在进行,对后市看淡的和对后市看好的投资者在自己认可的价位上与看不见的对手做对等的交换,筹码由此也从高位转移到低位,或者从低位转移到高位,其外在的表现就是股价循环往复的上升与下跌。

筹码的流通转化是通过一定的换手进行的,但是单纯的换手并不能决定股价的升跌。决定股价升跌的往往是特定的换手,即主力机构之间或者主力机构与散户之间发生的换手才有意义,由此才引申出主力机构做盘的三部曲,即建仓、拉升、出货。

3.1 换手的相关知识

换手是筹码得以流通的前提。没有了换手,市场就是死水一潭,毫无意义。在中国大陆的证券市场上,换手是用来描述一个账户买或卖给另一个账户相等份额的股票,即买卖成交的过程。在证券交易中,仅凭价格一个变量来动态描述市场,其信息是非常有限的,成交的数量,也就是换手量是非常重要的参考标准。不过相对于一只股票整体的流通盘,每日发生的股票换手数量毕竟还是显得微乎其微,于是人们又引申出换手率这个指标,辅助自己对换手量的判断。

3.1.1 换手率及相关意义

换手率也称周转率,指的是在一定时间内市场中股票转手买卖的频率,是反映股票流通性强弱的指标之一。换手率的计算公式为:换手率=(某一段时期内的成交量)/(流通股)×100%。换手率数值的放大,不仅说明交投的活跃,还表明交易者之间换手的充分程度。相对于换手,换手率显得更有意义。当前的市场,投资者也已经认识到换手率的重要作用,并且约定俗成地将换手率统称为换手,而对纯粹的换手量已经弃之不用了。

通过大量数据的观察以及对股价后续变化的总结,投资者发现以下规律:大多数股票每日换手率在1%~2.5%(不包括初上市的股票),70%股票的换手率基本在3%以下,由此3%就成为一种分界。那么大于3%又意味着什么?人们通过统计发现,当一只股票的换手率在3%~7%时,该股就进入相对活跃状态;如果换手率在7%~10%时,则该股股价处于高度活跃当中,很容易成为当时市场上的强势股与热门股;如果换手率再进一步放大到10%~15%,可以认为是主力机构在积极地操作;超过15%的换手率,并且持续多日的话,此股也许会成为最大黑马,但也可能是主力机构利用市场对该股的高度关注而密集出货。

3.1.2 换手指标

在通达信证券投资分析软件中,系统自带的换手指标只有两个,一个是换手柱,一个是换手线。严格说起来,这两个是同一个指标,即指标函数是一样的,只不过是外在的表现形式不同而已,换手柱用柱状体表示,与成交量相仿；换手线用线体表示，类似于均线。

如图3-1所示，这是深中华（000017）的一段日线走势图。在K线图的下方，两个副图指标显示的分别是换手柱和换手线指标。我们看到换手柱指标感觉就像看到了成交量；换手线指标感觉它与均线也相差无几，这表明它们与成交量和均线采用的指标函数是完全一样的。

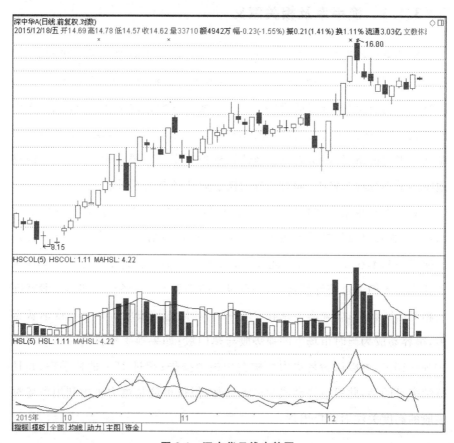

图3-1　深中华日线走势图

在通达信证券投资分析软件中，换手柱用HSCOL表示；换手线用HSL表示。

3.1.3　换手率的统计

在一轮行情中，换手每时每刻都贯穿其中，但单纯地观察换手指标，其实战意义其实不大。换手的重要性不是体现在指标的观察上，而是体现在它发生的位置上。如果我们将主力机构的行为定性为建仓、拉升、出货三个阶段的话，那么实战中一定要重视两个位置，即股价建仓阶段的低位换手和股价出货阶段的高位换手。低位换手是主力建仓阶段完成的标志，而高位换手是出货阶段完成的标志，它们才是股价拉升和派发的充分必要条件。

如何识别低位充分换手和高位充分换手呢？这需要我们对不同位置的换手率进行统计。

如图3-2所示，这是国风塑业（000859）的一段周线图。我们看到该股在相对底部做出一个箱形整理结构，为后续的上涨打下了一个坚实的基础。

图3-2 国风塑业一段周线图

这个箱形整理的意义在哪里呢？如果我们对这个箱形内所有的换手率进行一下统计累和就会发现，在这个箱体内，股价的换手率累计达到了181%。当然，由于选择的箱体时间跨度有些许的差异，这个换手率的累计或许和每个人的统计都不一样，但毫无疑问，它一定达到并超过了100%。这也就意味着，在这个区间内，市场上流通筹码的持有者全部换了一遍。如果有机构在这个区间做出了筹码搜集的动作，我们说这就是机构在建仓，股价后续的表现也证明了这一点。

还是以该股作为案例，我们再看看该股在高位阶段所做的换手。

如图3-3所示，这是国风塑业(000859)后续走势的周线图。股价在低位

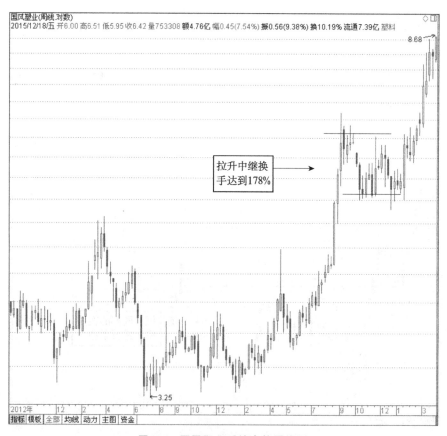

图3-3 国风塑业后续走势周线图

经过充分的换手后,将大量的筹码聚集在一处,为后续的拉升创造了条件,股价随后大幅拉升,在达到翻倍的幅度后来到了一个相对的高位,之后股价再次展开震荡走势,又形成了一个箱体的整理。

我们利用软件中的区间统计功能对这段箱体走势进行了一个统计,发现该处的换手累计达到了178%。就是说在这个位置,市场当中的流通筹码又进行了一次彻底的改头换面。这种换手的作用是什么呢?这就需要股价后续的表现来加以验证。假设股价在充分换手后开始下跌,并跌破这个整理区间,那么意味着在这个箱体内买入的投资者全部被套,这个区间就是主力的出货区间,这里的换手就是主力高位的出货换手,主力实现了胜利大逃亡。假设股价经过箱形的整理后进行了成功的突破,则说明主力在这里做的是拉升阶段的中继整理,其目的是垫高市场成本,让成本在此处汇聚,为今后的再次拉升做准备。我们看到股价随后再次强力拉升,又是翻倍的走势。

最后我们看看该股在出货阶段的换手统计情况。

如图3-4所示,这是国风塑业(000859)出货阶段的周线图。从3.25元到14.68元,该股这一段完整的上升趋势涨幅达到了惊人的400%多,主力获利已经相当丰厚了。我们看到该股在来到高位后又做出了一个箱形整理的结构,但K线已经频频拉出长阴线,说明主力开始无心恋战了。统计这个箱形内全部K线的换手率,竟然达到了惊人的295%,这也就意味着市场上的全部流通筹码在这个位置进行了三次的大交换。如果说一次交换主力还不能够全身而退的话,那么三次这样的交换足以让主力将手中的筹码全部抛出了。我们看到主力逃离后,股价用暴跌的方式确认了这个头部,第一周跌幅达到了32%,第二周跌幅达到了27%,让在高位参与换手的普通投资者做了主力的解放军。

通过这个实例的讲解,相信大家已经明白不同位置间换手率统计的重要性。每一次筹码的充分换手,都孕育出一段凌厉的走势,不管这走势是上涨还是下跌,其背后的推动力都来自筹码的转换,市场当中的筹码就是通过

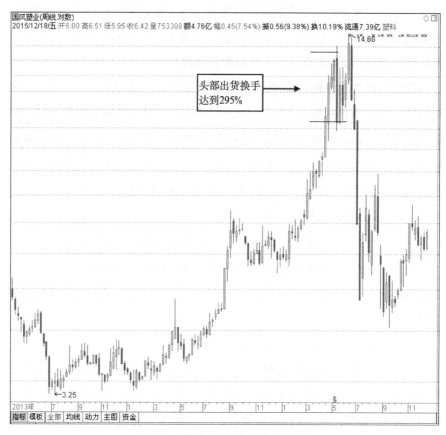

图 3-4 国风塑业出货阶段周线图

这样的换手在不同价位间进行分布。如果在一个区域内有大量的筹码进行了换手,那么筹码分布图上由于筹码堆积得太多就会呈现出明显的山峰形态,这就为我们通过阅读筹码分布图进而了解主力的意图提供了思路。

3.2 筹码分布形态

狭小区间内密集的换手带来筹码大量的堆积,这些不同价位上的筹码堆积反映在筹码分布图上就成了高低位置间不同的山峰形态,而这些典型的形态就是我们日后利用筹码分布图进行实战操作的基础。为了便于大家理解这些重要的内容,我们通过图例为大家一一讲解其中的内在机理。

3.2.1 单峰密集

单峰密集是筹码分布图中一个最明显的、也是最容易辨识的图形。单峰密集表明的是筹码大量地集中在某一个特定的价格区间内,从而在筹码分布图上形成一个独立的山峰形态。

按照股价高低位置的不同,单峰密集分为低位单峰密集和高位单峰密集。

如图3-5所示,这是一幅我们前面用过的图,即国风塑业(000859)的价格走势图。这里只不过将周线图改为日线图。之所以这样,是因为周线图涵盖的时间跨度大,每一根K线反映了日线5天的价格变化,不容易充分反映筹码的变化,所以我们将底部建仓阶段的价格走势改为日线。图中十字

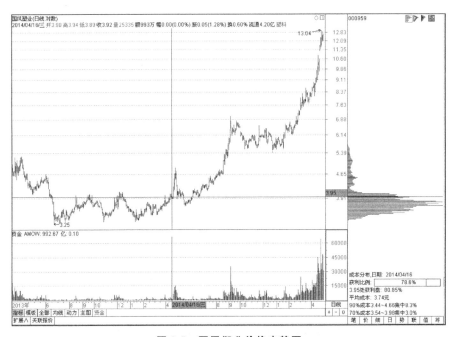

图3-5 国风塑业价格走势图

光标定格的基准点就是该股建仓完毕即将突破底部箱形整理的地方,此时我们看该股的筹码分布图,可以看出筹码已经在底部大量堆积,并形成了单一的山峰形态。由于该股处在相对底部,所以这样的形态就叫低位单峰密集。

看过了低位单峰密集,下面我们再看看高位单峰密集是什么样子的。

如图3-6所示,还是国风塑业这只股票,我们转到日线图,看看该股在到达14.68元的高位时筹码分布图带给我们的是什么感受。我们看到,在十字光标定格的地方,该股已经处在绝对的高位了,K线右侧的筹码分布图显示,大量的筹码已经堆积在高处,形成了一个尖尖的山峰形态,这表明市场当中大部分的流通筹码都汇聚在这里了。像这种股价处在高位,筹码形成明显的单一的山峰形态,就叫高位单峰密集形态。

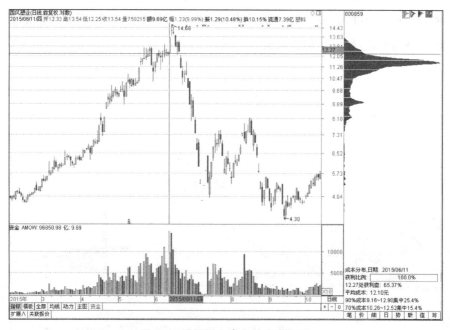

图3-6　国风塑业高位单峰密集图

看过了示例图,下面我们对单峰密集形态做点小结。单峰密集形态最显著的特点就是筹码高度地集中,在筹码峰的上下几乎看不到其他筹码的分布。其内在的机理是,在单峰密集区域内,筹码实现了充分的换手,不管是买入的还是卖出的,都汇聚在这一个区域内,这一点我们在换手率统计那一小节里面谈到过。

筹码单峰密集在实战中有何意义呢?具体说来有如下三点。

(1) 如果这个单峰是主力买、散户卖形成的,未来的行情值得期许。

(2) 如果这个单峰是主力卖、散户买形成的,未来的行情或许堪忧。

(3) 如果这个单峰是主力和散户的买卖混合形成的,未来的行情将极不明确。

3.2.2　多峰密集

多峰密集是相对于单峰密集而来的。在筹码分布图上,如果大量的筹码分布在两个或两个以上价格区域,并形成了明显的筹码峰,就叫作多峰密集。

在多峰密集中,价格在高位形成的筹码密集峰叫高位峰,价格在低位形成的筹码密集峰叫低位峰。如果筹码峰有两个以上,那么中间的筹码密集峰统称为中位峰。

相对于单峰密集,多峰密集显得复杂了一些,这是由于筹码在不同价位之间都有分布造成的。当然,这也凸显了市场的多样性,投资人永远不可能步调一致,统一抄底逃顶。

多峰密集中最典型的就是双峰密集。

如图 3-7 所示,这是一幅经典的双峰密集图,在筹码分布图上形成了上、下两个筹码密集峰。像这种形成两个密集峰的形态,按照高低峰形成的时间次序不同,还可以分为下跌多峰和上涨多峰。如果是上涨多峰,其形成机理是,主力先是在股价底部吸筹,让筹码在狭小区域内聚集,从而形成一个筹码峰。主力随后拉升股价,并在一个适当的位置让股价做横盘整理,吸引买盘进场,垫高市场成本,为后续拉升做准备,而此时主力手中的底仓并没有卖出,因此形成了双峰形态。

下跌多峰的机理是,主力获利丰厚后在高位做出头部形态,引诱投资者入场接盘,自己则逢高派发,股价应声而落。或许是主力并没有完全出货,因此在股价下跌一段后,主力用少量资金进场护盘,吸引抄底盘进场博反弹,从而在一个局部再次形成一个筹码峰。此时上方套牢盘见股价不跌,以为股价还会返回高点,因此也没有割肉出局,所以上方筹码峰并没有消散,构成下跌多峰形态。

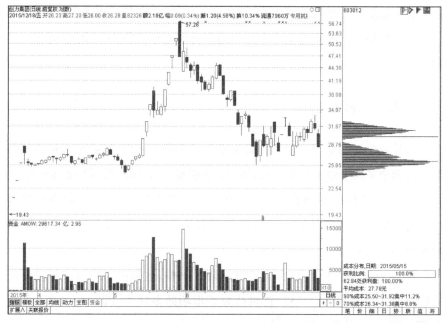

图 3-7　经典的双峰密集图

下面我们看一幅经典的多峰图。

如图 3-8 所示,这是经典的多峰筹码分布图。在这张图上,出现了三个明显的筹码峰。这种形态的出现,意味着股价处在一个两难的境地,即上有阻力,下有支撑,因此股价只能在一个箱体内来回地震荡,以时间换取空间,直到将上、下两个筹码峰消耗掉,形成一个单一的筹码峰,股价趋势才能明朗,进而选择后市的方向。

筹码多峰密集在实战中有何意义呢?具体说来有如下三点。

(1)如果是上涨多峰,股价又刚刚拉升不远,则意味着主力并没有出货,只是短线整理垫高市场成本,股价后市还会有上涨空间。

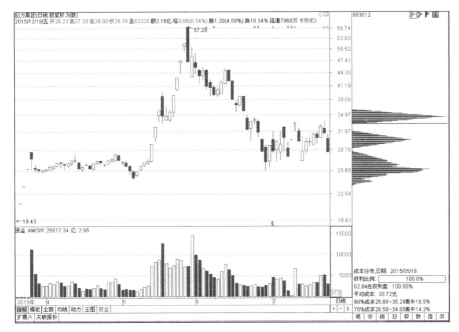

图 3-8 经典的多峰筹码分布图

（2）如果是下跌多峰，股价又刚刚下跌不久，则意味着主力处在二次出货阶段，只是吸引散户在次高位接盘，股价后市还有下跌空间。

（3）如果是多峰并列，则意味着股价进退维谷，上下两难，后续还会长时间整理，趋势难明。

筹码密集是股价下一阶段发生变化的积累过程，是一种量变，此时投资者可以根据各种信息制订自己的计划。当筹码集聚到一定的程度，股价就会发生方向性的选择，这是一种质变，投资者就需要根据自己的计划入场交易，让计划实现，这就是筹码学的实战。

3.3 筹码分布实战

筹码分布实战技法是筹码学的精华，因为任何的理论如果不能付诸实战，无疑都是空中楼阁。筹码分布实战依据的就是筹码分布图中筹码峰的高低位置,并配合K线理论,再加以成交量的辅助形成的一套完整的操作策略。有了它,我们就能透彻主力玄机,实现与主力共舞。

3.3.1 突破低位单峰密集

单峰密集,意味着筹码在一个区间内大量地集中换手;低位单峰密集,说明股价经过长时间的整理,高位的筹码已经全部抛出进而在低位再次汇聚,上行的阻力减小,此时如果股价有效放量突破单峰密集筹码区并突破重要阻力或颈线位,预示着一轮上攻行情即将展开。

如图3-9所示,这是东方电缆(603606)2014年11月至2015年6月的日线图。我们看到图中以十字光标定格的基准点是2015年3月25日,这一天的筹码分布图上形成了一个经典的低位单峰筹码密集,此时一根涨幅达8.12%的长阳线一举突破了构筑时间长达5个月的形态整理区,站上了下降趋势线,同时也放量突破了筹码形成的低位单峰密集,预示着一轮行情拉开

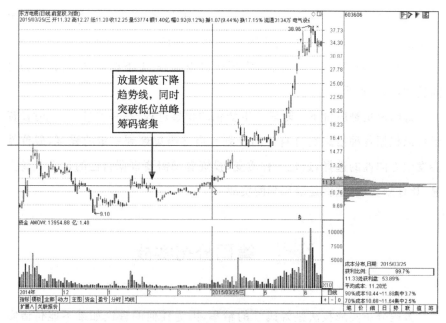

图3-9 东方电缆日线图

了序幕。后市我们看到该股在突破筹码密集区后连续上攻,并以涨停板的形式又突破了形态整理区的高位阻力,随后展开了近一个月的缩量横盘,并在整理结束后再次放量上攻,完成了两倍的走势。

下面我们通过连续图解的方式再举一个实例,便于大家理解并掌握这种模式。

先看第一幅图,如图3-10所示,这是德豪润达(002005)2013年3月至2015年3月的周线图。我们看到,该股在两年的时间里构筑了一个大型的三角形整理形态。与此同时,随着股价在一个区间内不断的换手,筹码分布图上也逐渐形成了一个筹码低位单峰密集形态。在以十字光标为基准点定格的那一周,股价放量突破了长达两年的整理区,同时也突破了右侧的筹码单峰密集区。大家不要忽视这样的形态,因为这是代表股价中长期走势的周线图发出的信号。我们可以看一下,此时筹码分布图上市场平均成本的值显示为8.46元,而定格点为8.66元,就是说,股价此时刚刚站上市场平均

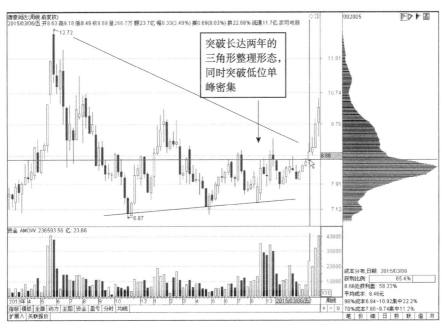

图3-10 德豪润达周线图

成本，未来大有可为。或许有的读者可能认为这幅图筹码低位单峰密集形态并不是很突出，不要紧，我们往下看就知道了。

如图3-11所示，这是德豪润达（002005）周线的后续走势图，也是一幅全景图。在这幅图里大家可以清楚地看到该股整体的走势结构。我们看到股价在突破整理区形成的下降趋势线时，成交量是如何地放大，筹码分布图上又是怎样突破了低位单峰密集形态。该股在成功突破后，股价仅略作整理，随后便展开了凌厉的攻势，一直拉到18.32元的高位才止住脚步。

图3-11　德豪润达后续走势图

在本方法中，成交量的放大是一个很重要的条件，没有量能的有效支持，即便突破，股价后续走势也缺乏持续性。此外，形态结构持续的时间越长，单峰的密集程度越大，换手越充分，后市上攻的欲望就越强烈。

3.3.2　突破高位单峰密集

高位单峰密集意味着股价在之前曾经有过一段拉升行情，在一个相对的位置开始进入整理状态,并进行充分的换手。随着时间的延续,筹码堆积的数量越来越多,最终形成单峰密集状态。此时如果股价能放量启动,突破整理区间和筹码密集峰,二次行情将再次展开。

如图3-12所示,这是东方电缆(603606)2015年1月至2015年6月的日线图。我们看到该股前期已经有过一波拉升,在到达一个相对高位后股价围绕着冲顶的涨停板展开了长达一个月的横盘整理。在这一个月中,筹码在相对区间内充分地换手、大量地聚集。我们看到在十字光标定格的这一天,也就是2015年5月11日,在该股的筹码分布图上形成了一个高位的单峰密集形态。在这单峰密集的周围只分布着不多的筹码,这表明市场上大部分筹码都在此处了。股价随后放量展开拉升,既突破了横盘整理区,也突破了高位筹码密集峰,二次行情启动。

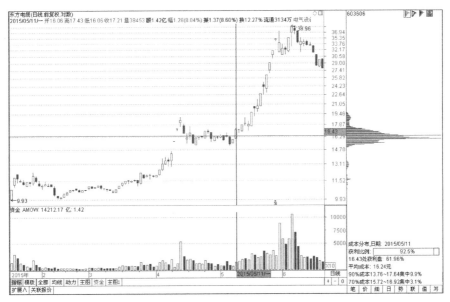

图3-12 东方电缆日线图

下面我们还是通过连续图解的方式为大家展示一只股票。

如图3-13所示,这是华友钴业(603799)2015年9月至2015年11月的日线图。我们看到股价从11.63元起步,涨到20.00元后开始以连续阴线的方式展开调整。在十字光标定格的这一天,即 2015 年 11 月 4 日,股价放量上升,意味着调整的结束。此时我们看筹码分布图,在相对高位形成了一个单峰密集形态,11 月 4 日的上涨也突破了筹码的单峰密集,预示二次拉升行情开启。

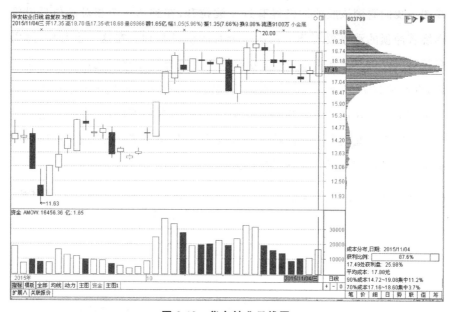

图 3-13　华友钴业日线图

如图 3-14 所示,这是华友钴业(603799)承接前图走势的后续变化图。十字光标定格的这一天依然是 11 月 4 日,通过这幅图我们就能清晰地看到筹码分布图上高位单峰密集形态。在单峰密集形态的上下只有少量筹码的分布,这说明大部分流通筹码在横盘整理的时候通过连续的换手都汇聚在此处了,成本中枢已经提高到这里。股价也由此再次起步,从 17.47 元附近拉升到 31.60 元的绝对高位。

在该方法中,成交量的有效放出,以及股价突破整理区间依然是该法得以成功不可或缺的条件。此外,由于该法运用时股价已处在相对高位,因此有效识别假突破也是很重要的一点。如果股价在突破后又快速反身向下并击穿高位密集峰,则要清醒地意识到可能遇到了主力设下的陷阱,要立刻止

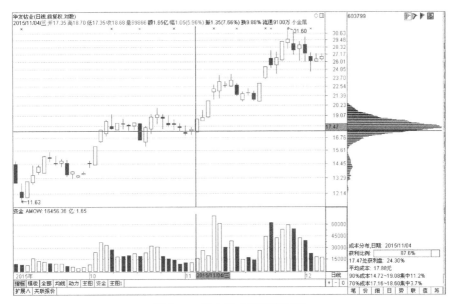

图 3-14 华友钴业后续变化图

损,不可恋战,以防被套在高位。

3.3.3 洗盘回归单峰密集

单峰密集的作用体现在:一方面,它暴露出主力机构在价格相对区间大举建仓的痕迹,表明了主力的成本;另一方面,一旦股价受阻回落,它也为股价提供了一个坚实的支撑,这里往往成为主力洗盘的底线。

围绕着低位单峰密集的洗盘行为,主力的洗盘可以分为两种:一是股价在筹码单峰密集上方就受到支撑;二是洗盘凶狠,股价回落到单峰密集下方,但是快速地返回。

下面我们逐一地进行介绍。

第一种,洗盘回归单峰密集上方。

如图 3-15 所示,这是峨眉山(000888)2015 年 9 月至 2015 年 12 月的日线图。我们看到在十字光标定格的这一天,也就是 2015 年 11 月 4 日,股价放量启动,预示着筹码搜集完毕,阶段底部已经完成。此时我们看右侧的筹码分布图,尽管上方还有蓝色代表的层层叠叠的套牢盘,但下方还是形成了一个单峰密集形态。主力或许觉得自己手中的筹码已经足够,或许认为上方的阻力在日后的操盘中可以化解掉,因此还是选择了启动该股。十字光标定格的那天是一根涨幅达4.58%的长阳线,形成了经典的阳包阴的K线组合,并且突破了低位单峰密集筹码区。我们看到股价随后连续地放量拉升,快速地脱离了筹码单峰密集区。

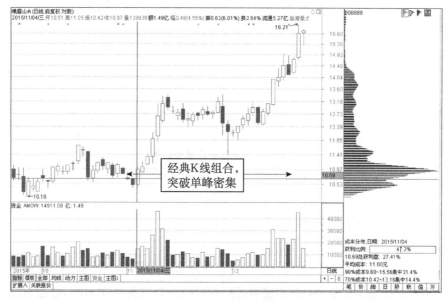

图 3-15　峨眉山日线图

如图3-16所示,这是峨眉山(000888)洗盘回归单峰密集示意图。该图与上一幅图完全一致,只是十字光标定格点选在了2015年12月1日。我们看股价在连续拔高后遇到了上方套牢筹码构成的密集阻力区的压制,股价随后进入整理状态。或许是主力觉得如此简单的整固不能震出上方套牢的筹码,因此在股价整理末期突然开始向下打压洗盘,造成K线连续两天下跌。此时我们看12月1日那一天形成的筹码分布图,发现主力启动股价前形成的筹码单峰密集区依然保持良好,说明主力在底部获取的筹码并没有随着股价的上涨而获利抛出。既然主力的成本在此,那么这个地方必然是股价的一个强支撑区。我们看图中箭头标示的K线，这一天主力用一个长长的下影线对筹码单峰密集区进行了试探，完成了一个缩量洗盘的动作。在洗盘完成后，主力仅仅整固了一天，又开始放量拉升，并迅速通过了上方的筹码套牢区，这也从另一个侧面说明，在主力洗盘的时候，上方的套牢筹码有很多都选择了割肉出局，从而为主力的后续拉升创造了条件。

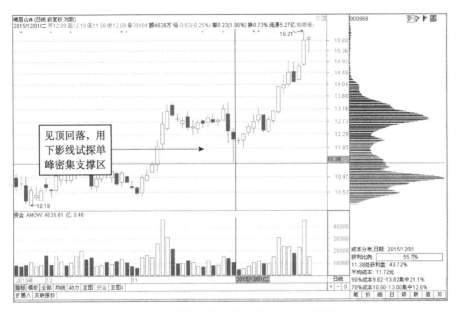

图 3-16　峨眉山洗盘回归单峰密集示意图

下面我们再看看另一种洗盘方式，股价跌落到单峰密集区的下方。

相对于股价在单峰密集区上方止跌，回到单峰密集区下方的洗盘方式显得更加凶狠，主力的意图也隐藏得更深，因为当时谁也不知道主力为什么这么做，但接下来的快速返回暴露了一切。

如图 3-17 所示，这是大族激光(002008)2015 年 8 月至 2015 年 9 月的日线图。我们看到在十字光标定格的这一天，也就是 2015 年 8 月 28 日，该股以一个涨停板的方式带量突破了筹码分布图上的低位单峰密集。尽管完成了突破，但我们通过筹码分布图看到该股上方仍然存在着大量的套牢盘，这些套牢盘都在等待着"解放军"去解救它们，要是不把这部分筹码解决，股价一旦涨升到这个位置，这些解套盘将会一涌而出，对主力后续的做盘将造成极为不利的影响。还有一点需要注意的是，在突破这个位置，底部的换手并不充分，股价也没有形成一个明显的形态。或许意识到这种种的不利条件，主力选择了另一种做盘的方式，即通过凶狠的下跌将股价打低，回炉重炼，再次搜集筹码。这种洗盘方式固然有效，但主力也因此伤害到了自己，因为如此一来，主力自己的筹码也暂时被套牢了。

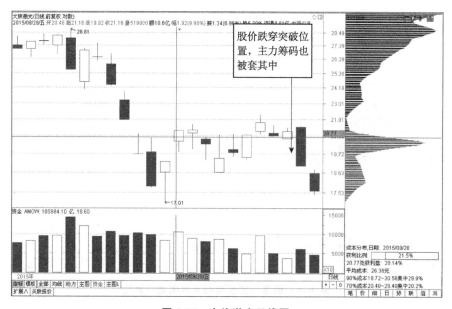

图 3-17　大族激光日线图

我们看该股后续的走势。

如图 3-18 所示，这是大族激光（002008）2015 年 9 月以后的走势图。我们看到图中十字光标的定格点是主力凶狠打压股价的地方。事后来看，我们可以判定当时是主力的洗盘行为，但当时股价下跌时，除了主力自己，没有人会识破此中的玄机。虽然如此，通过筹码分布图我们还是能发现一些主力的蛛丝马迹。第一，股价快速下跌时，低位单峰密集的筹码峰并没有消失，只不过是从盈利状态的粉红色筹码变为亏损状态的蓝色筹码，这表明这部分筹码稳定性很好。第二，股价下跌时并没有放量，这也从另一个侧面证实了单峰密集筹码的稳定性。第三,股价下跌后又快速地反弹,并且回到了单峰密集筹码区。第四,通过两幅图的对比我们可以发现,在股价快速下跌的时候,上方原本密集的套牢筹码峰减少了很多,说明高位的套牢盘有人割肉出局了。综合上述四点,可以判定这是一次主力有预谋的洗盘行为。实战中,当股价再次站上单峰密集筹码区时,我们要有勇气二次进场,与主力共舞。我们看到该股随后放量启动,通过纵坐标的价格,股价由洗盘时的18.2元附近涨到前期高点26元左右,波段涨幅接近50%。

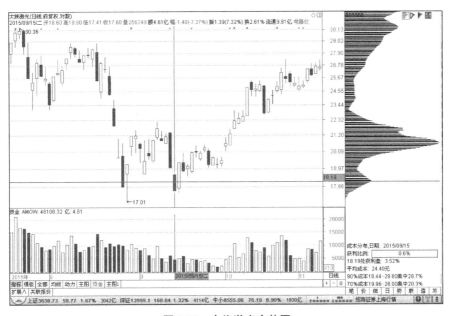

图 3-18　大族激光走势图

看过了两种回调洗盘的实例,下面我们对这两种洗盘的行为进行一下总结。

在第一种洗盘行为中,主力有放量突破低位单峰密集的行为,股价随后回调整理,但跌幅不大,主力只是将股价轻微打低,并没有跌穿筹码的低位单峰密集区。最主要的是,这种回调是以缩量形式完成的。股价企稳后若二次放量,容易爆发主升浪。

我们重点探讨一下不常见的第二种洗盘行为。筹码形成单峰密集,意味着主力在此区间投入了大量的资金去搜集筹码,这种搜集注定要通过股价后续爆发主升浪才能获取利润,而洗盘行为就是爆发主升浪前主力为了清除跟风盘而采取的特定的行为。既然是洗盘,主力为什么会采取套牢自己的筹码这种极端的方式呢?很大程度上,是因为有大量的跟风盘与主力建仓在同一个价格区间,造成主力吸筹不充分,很难发动大规模的行情。

主力吸筹然后拉升大体上有三种路径可供选择,一是长时间横盘,以时间换空间。这固然会让大部分散户忍受不住煎熬而选择离场,但对主力而言,也是一种痛苦,因为大部分主力的资金是拆借而来的,是有时间成本的,拖得太久对主力也不是很有利。二是采取快速拉高建仓的方式,但这会耗费大量资金,同时造成主力自己的成本偏高不下,不到万不得已,主力不会采纳。剩下的就是第三种,即主力通过自残的方式,快速将股价打低,将自己也套进去,从而引起市场的恐慌,诱使跟风盘和上方套牢盘因为害怕市场继续下跌而选择离场,主力则再次吸纳大量廉价筹码。

第三种方式虽然极端,但主力的行为与前者并无二致,同样有着放量突破低位单峰密集筹码区的行为,随后的调整虽然快速但成交量是萎缩的,最主要的一点是,快速下跌后股价往往又快速地上涨,拉回到单峰密集区的上面。正是这种行为,暴露了主力的意图,因为如果单峰密集的筹码不是主力的,主力是不会做"解放军",让套牢盘轻易解套的。

3.3.4　超跌反弹至单峰密集

单峰密集意味着市场上有大量的筹码在狭小的价位上分布,这些筹码构成了市场上一个成本区,而这些成本对价格走势是有牵制或吸引作用的,这也就是价格呈现的是波浪式运动而不是直线式运动的原因。股价如果跌穿了一个单峰密集成本区,并且距离成本区有很大的空间,则成本的牵制作用会诱发股价展开超跌反弹。这种超跌反弹走势会很迅速,但到了成本区后走势就会戛然而止。

如图3-19所示,这是东方电缆(603606)2015年7月至2015年9月的日线图。我们看到,在图中用十字光标定格的基准点是2015年8月18日。这一天,筹码分布图上出现了一个单峰密集形态,预示着大量的筹码在此处堆积,这里已经成为一个市场当中重要的成本区。同样是在这一天,股价以一个跌停板的方式开始展开快速的调整,一个月的时间,股价惨遭腰斩,跌去50%的幅度,远离了密集成本区。

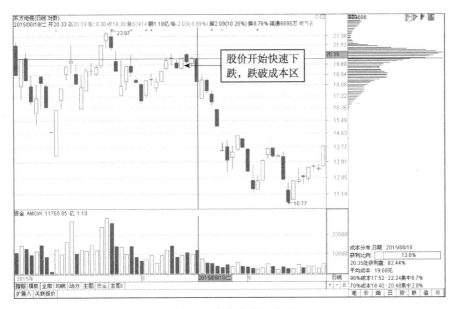

图3-19　东方电缆日线图

需要注意的是,股价在下跌的过程中并没有放量,这是与缩量阴跌不同的地方。缩量阴跌指的是股价跌势不休,但速度不快,并且经常会构建抵抗性下跌平台。而这里是缩量快速下跌,这就说明上方成本区的筹码具有某种稳定性,并没有随着股价的下跌展开大规模的出逃行为。

后面股价会如何演绎,我们来看下一张图。

如图3-20所示,这是东方电缆(603606)后续的走势图。我们看到十字光标定格的当天是2015年9月16日,此时筹码分布图上可以直观地看到上方的单峰密集区依然存在,只是成本略有抬高。这一点新股民可能不大理解,但老股民都知道其中的道理。我们举个例子,假设一位股民持有1000股的股票，成本是 10 元，在股价跌到 8 元的时候他选择卖出 500 股，此时他剩余股票的成本会由原来的 10 元变为现在的 12 元。换句话说，由于他没有完全卖出，那么他卖出股份的亏损金额会叠加在他剩余的股票身上。他选择卖出的股票如果不计算交易佣金等费用，其实是不亏钱的。

理解了这一点，我们就能理解这个单峰密集筹码区的成本为什么会略有上升了。这是因为股价在下跌的过程中，这个成本区的筹码绝不会一股不动地坚守，一定会有少部分筹码忍受不住股价的下跌而选择出局，亏损的金额叠加，就会使成本略有上升。但因为大部分筹码持股不动，所以筹码的单峰密集依然保持完好。

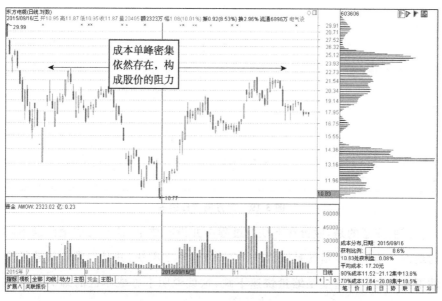

图 3-20　东方电缆后续走势图

我们看到股价在见底后迅速展开超跌反弹行情，通过连续放量，用了两个波段，就将股价拉回到筹码单峰密集区的下方，随即就止步不前了。

我们再看一个实例。

如图 3-21 所示，这是泸州老窖（000568）2015 年 6 月至 2015 年 11 月的日线图。在十字光标定格的那一天，也就是 2015 年 8 月 18 日，筹码分布图上形成了一个单峰密集的成本区。股价在这一天以一根跌幅达8.74%的长阴线向下击穿了成本区,并形成快速下跌之势。

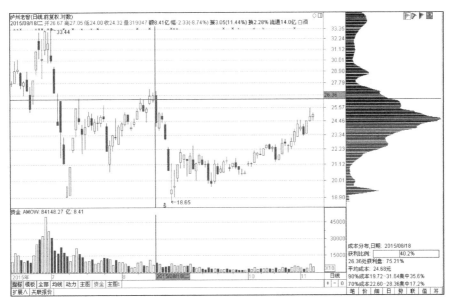

图3-21　泸州老窖日线图

如图3-22所示,这是泸州老窖(000568)股价后续走势图。在2015年8月25日这一天,股价止住了下跌的脚步,并在上方成本区的吸引之下展开反弹行情。此时我们看到在十字光标定格的这一天,上方的单峰密集成本区并没有出现消散的情况,表明这部分筹码具有极强的稳定性,并没有因为价格的下跌出现恐慌性的抛售行为。股价在低位止跌后做出一个三角形整理态势,随后展开反弹,但到了上方的密集成本区,反弹行情就告一段落了。

看过了两个实例的讲解,下面我们将这种模式进行一下总结。这种模式其实非常简单,仅需要四个条件。第一,股价跌破了一个单峰密集的成本分布区;第二,股价的下跌一定要缩量快速进行,并要与缩量阴跌的模式进行有效的区分。这一点可能有些难度,但大家只要多看图,慢慢就会熟悉掌握;第三,股价下跌见底后,原有的单峰密集筹码分布区要保持完好。成本略有上升不要紧,但一定要保证一个完整性;第四,股价一旦展开超跌反弹,

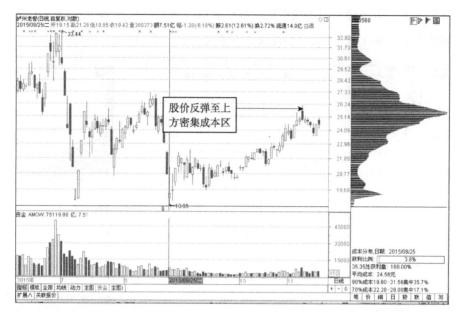

图 3-22　泸州老窖股价后续走势图

上方的成本密集区就是一个明显的阻力。到达此位置要记得落袋为安。

有的读者会问,如果股价到达单峰密集成本区,虽然回落但经过整理后再次上升并创出新高,这时该怎么办？很简单,这个时候你可以套用模式二：突破高位单峰密集的方法,跟随主力再做一波。因为这个时候更加能够确认,原有的单峰密集成本是主力所有,主力不会做慈善家,一定要获取利润才能选择离场。

当然,不是说这种模式一定会百分百的奏效,有的时候,股价的快速下跌会带动部分筹码斩仓出局,如果此时上方形成了下跌多峰的态势,预示筹码已经散乱,预计的超跌反弹行情将不复存在,股价走得将会一波三折。

如图 3-23 所示,这是渤海轮渡(603167)2015 年 6 月至 2015 年 10 月的日线图。在十字光标定格的这一天,我们看到筹码分布图上形成了一个不规则的单峰密集形态,上方虽有一定数量的套牢盘但不是很多,下方却有了一定的获利盘,表明在之前的底部已经有人开始搜集筹码了。此时股价快速下跌,远离密集成本区,其模式与我们介绍的超跌反弹的模式如出一辙。

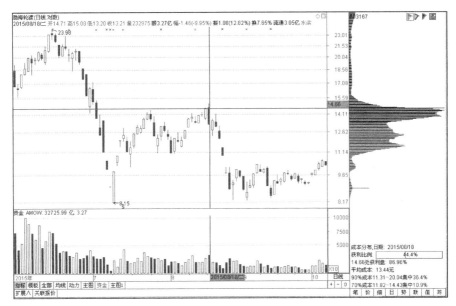

图 3-23 渤海轮渡日线图

我们接着往下看。如图 3-24 所示,这是渤海轮渡(603167)股价后续走

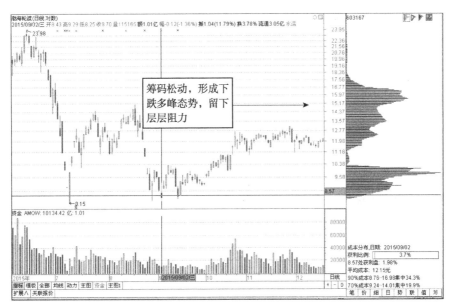

图 3-24 渤海轮渡股价后续走势图

势图。我们看到在十字光标定格的当天,筹码分布图上前期的单峰密集形态已经不在密集,说明筹码在股价下跌的时候开始变得松散,并形成了下跌多峰形态,这表明不断有人在进场抄底,但也不断地惨遭套牢,留下了层层叠叠的套牢盘。我们看到股价随后的走势是步履蹒跚,非常地滞重,根本原因就是上方套牢筹码太多,每走一段都有解套盘涌出,对股价形成持续地压制。

运用超跌反弹模式时大家要努力回避这种情况,尽量选择筹码分布简单的股票进行操作。万一不慎参与其中,切记当股票放量后要懂得及时地离场。获利可能比较微小,但总比套牢强。

3.3.5 上涨多峰 行情持续

突破低位单峰密集,再经历洗盘回归确认单峰支撑,主力做完这一系列准备工作后就会展开拉升的动作,目的就是让股价尽快地脱离自己的成本区。当然,主力在拉升的过程中也绝不会一味地自拉自唱,而是会营造出一种活络的气氛,不断地吸引在场外观望的投资者进场交易,过程中主力会在适当位置让股价进行短暂停留,以此让筹码在多个价位进行分布。

一是有利于自己滚仓操作,让底部的筹码适当地抛出;二是场外资金进场后,会抬高市场成本,有利于筹码锁定,稳定股价。这样一来,筹码在原有单峰密集的基础上,又会形成多个小的筹码峰,使行情得以持续。

下面我们通过连续图解的方式为大家进行一下讲解。

如图3-25所示,这是金地集团2014年12月至2015年4月的日线图。我们看到图中股价由12.50元见一个高点后展开了回调走势,随后见底企稳。在十字光标定格的这一天,也就是2015年3月13日,股价温和放量,显露出上攻欲望。此时我们看筹码分布图,已经显示出一个低位单峰密集的状态,美中不足的是,在单峰密集筹码峰的上方,还存在几个套牢盘形成的筹码峰,这无疑会制约股价后续的发展。图中我们用文字和箭头已经做出了标注。如果主力此时采取猛冲猛打的做法,高位的套牢盘和低位的获利盘将会汹涌而出,不利于后市的操作。于是主力选择了一个聪明的做法,从中我们也能学习一下主力做盘的技巧。

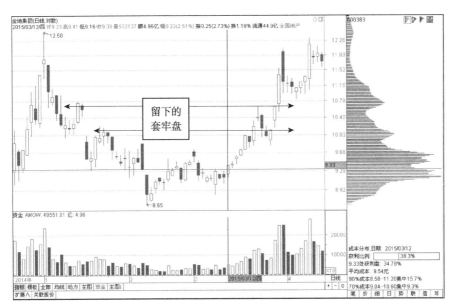

图 3-25　金地集团日线图 1

我们往下看。

如图 3-26 所示，这还是金地集团上一幅股价走势图。不同的是，十字光标定格的基准点选在了 2015 年 3 月 20 日。从图中可以看到，就在这一天，股价来到了左侧的一个小高点的位置，这里是股价当初下跌时做的一个反弹的地方，如果您有心，对照一下上图，就能明白主力在这里为什么会让股价进行停留。主力很聪明，在股价到达阻力位后，借助市场的力量对左侧的套牢盘进行了筹码的承接与换手。此时我们看右侧的筹码分布图，在低位单峰密集形态的上方，又出现了两个筹码密集山峰，这就是场外投资者进场后，市场自然换手形成的筹码堆积，他们帮助主力解决了左侧的套牢盘，形成了本模式的上涨多峰的态势。

股价在主力的控制下以一根阳十字线构筑了短线顶部，随后缩量回落，在整理两天后再次放量开始新的征程。毫无疑问，主力既然再次启动股价，说明这个地方的套牢筹码已经消化得差不多了。

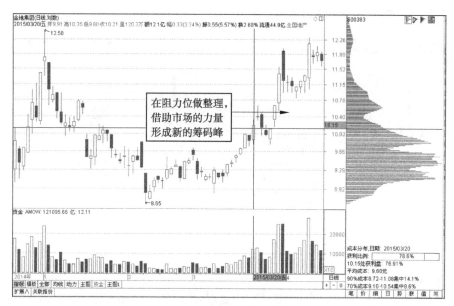

图 3-26　金地集团日线图 2

如图 3-27 所示,这依然是金地集团上一幅股价走势图,只不过这次的基准点选在了 2015 年 4 月 8 日这一天。这幅图不用再做文字说明,因为十字光标恰好指在了股价左侧的阻力位。在最左侧的股价高点,K 线是以一个黄昏十字星的经典组合构筑了波段的顶部,这也是股价在达到这个阻力后收出一根长阴线的原因。我们看定格点的筹码分布图,可以清晰地看见一个新的筹码密集单峰形态已经形成,在它的下面还留有保持完好的筹码峰。这说明下方的筹码持续锁定,而上面又有很多的筹码在此处堆积,表明好多人看好该股后市,入市意愿积极。

场外资金的积极涌入进一步推动股价持续走高,我们看到在十字光标定格的第二天,股价就放量拉出了一根长阳线,一举攻克左侧的阻力位。

我们再看最后的盛宴。

如图 3-28 所示,这是金地集团后续的股价走势图。我们看到股价在攻克左侧阻力位后继续着上攻的走势,一直拉到 15.94 元的高位。在十字光标定格的地方,此时筹码分布图上又开始形成筹码密集形态。延续之前的走

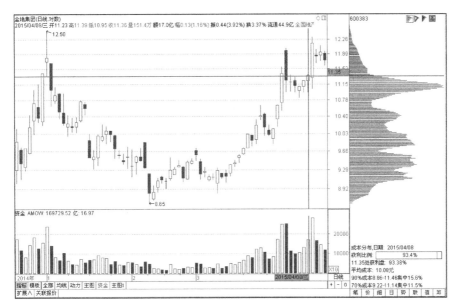

图 3-27　金地集团日线图 3

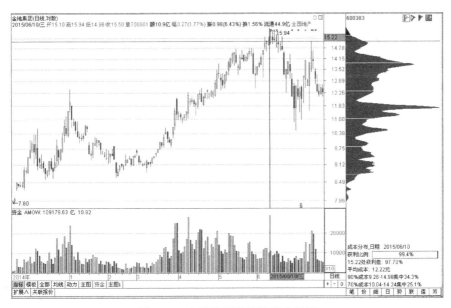

图 3-28　金地集团后续股价走势图

势,加上筹码图上出现多处的上涨多峰形态,股价看起来还应该看高一线,但有一点大家一定要注意,那就是最原始的低位单峰密集的筹码此时已经缩小了很多,这表明主力的底仓已经开始悄悄地撤退了。

主力的做盘是有着严格的计划的,当他开始认为市场过热,而选择离场时,说明股价真的已经透支了一个企业的内在价值,要开始向价值中枢回归了。从第一幅图的定格点9.1元到最后一幅图定格点的15.81元,该股已经达到了70%的涨幅,这对于一个流通盘高达45亿的大盘股来说已经足够了。

我们用了四张图对金地集团拉升过程中筹码和股价的关系进行了详细的说明,希望大家在看完后能够充分理解该模式的实战意义。当前的A股市场,在只有做多才能获利的情况下,深刻认识并掌握该模式,您就能咬住青山不放松,骑在马背上不被主力轻易地震仓出局。

下面我们再通过一个简单的实例帮助大家认识一下该模式的要点。

如图3-29所示,这是用友网络(600588)2015年2月至2015年8月的日线图。图中十字光标定格的地方是2015年5月8日,就在这一天,股价放量拉升,突破了筹码分布图上的单峰密集成交区。有一点需要强调的是,股价突破的时候,价位在39.50元附近,这距离低位的29.75元已经有了一定的距离,说明这个单峰密集筹码区是处在一个相对的高位,符合我们介绍的第二种模式:突破高位单峰密集。主力选择这个位置进行突破,一方面,筹码在相对高位已经进行了充分的换手;另一方面,也是对图中股价左侧一个高点进行的突破。

我们接着看下一幅图。

如图3-30所示,这还是用友网络(600588)的走势图,但十字光标选在了2015年5月26日这一天。我们看到股价在上图成功突破后继续上攻,来到了十字光标定格点进行了短暂的休整,此时筹码分布图上相对高位产生的筹码单峰密集形态依然保持完好,说明这部分筹码并没有随着股价的上涨而离场,而是坚定地继续持有。再看十字光标定格的下方,已经出现了一个小的筹码峰,并且上方正在形成一个新的筹码峰。这一切都表明,场外资金

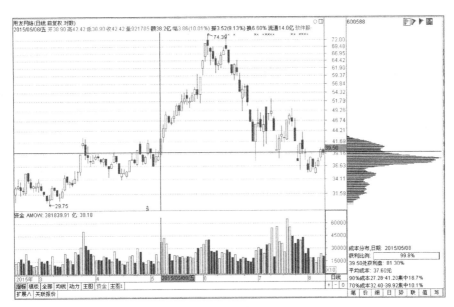

图 3-29　用友网络日线图

看好该股后市,正开始踊跃进场,筹码在这个地方又进行了换手,该股随后也连续放量拔高。

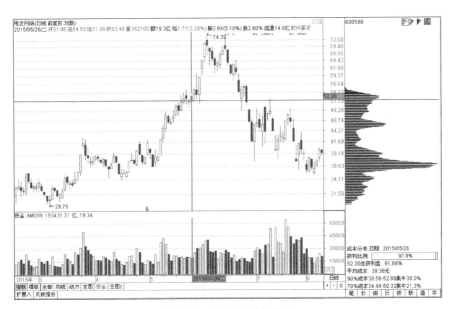

图 3-30　用友网络走势图

看过了这两个实例,下面我们将这种模式的要点总结一下。

上涨多峰模式中最关键的一点,就是股价在上行的过程中,原本存在的低位单峰密集成本区的筹码不能随着股价的上涨而消散。当然这里不是指绝对的不能消散,而是指低位的单峰密集要保持适当的完整性。如果消散得过快,意味着下方的筹码开始参与到高位的换手中来,筹码一旦丧失稳定性,股价就会有见顶的可能。

第二点是上涨过程中形成的新的筹码峰属于区间换手,股价的整理仍然属于洗盘的性质。如果低位的单峰密集筹码峰没有消散或消散得不多,则新的筹码峰就会在未来形成股价的支撑区。

上涨多峰的模式充分地反映了主力的拉升过程,在筹码分布图的诸多模式中属于核心的地位,它可以让散户避免以往那种获利就走、再进被套的格局,尽可能地做到与主力共舞,获取波段涨幅的最大利润。

3.3.6 成本发散 波段操作

与上涨多峰模式类似的还有一种成本发散形态,只不过这种形态适合波段操作,它反映的是主力自救的焦急心态。虽然如此,如果投资者掌握得好,还是可以利用主力急于自救的心理,短线参与获利。

如图 3-31 所示,这是葛洲坝(600068)2015 年 6 月至 2015 年 9 月的日线图。我们通过图可以看到,该股从 14.71 元开始展开调整,筹码分布图上显示上方留下了巨大的套牢盘。在十字光标定格的这一天,也就是 2015 年 7 月 9 日,该股出现异动,以下跌 6% 的幅度低开,随即展开上攻并当天收于涨停,换手高达 6.05%。就在定格点的前一天,该股还以跌停收盘,一天时间就轮到涨停收盘,如此极端的走势只有主力机构才能做得到。两天时间,筹码分布图上立刻就出现了如图所示的低位筹码峰形态。毫无疑问,这些筹码是主力快速建仓的结果。主力为什么要这么急于建仓呢? 一定是自己的筹码在上方也被套牢了,急于展开自救行情。

该股后市会如何演绎呢? 我们往下看。

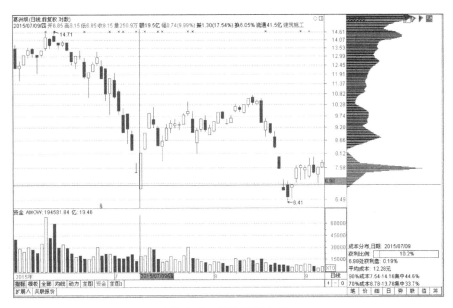

图 3-31　葛洲坝建仓图

如图 3-32 所示，这是葛洲坝（600068）同一幅图，只不过十字光标的定格点移动到了波段的高点。我们看主力快速建仓后，后续又展开快速拉升，其中不乏涨停板，其目的就是急于推高股价，在短期内制造出该股的热门示范效应，吸引投资人的目光。在股价到达十字光标的定格点，也就是波段高位的时候，我们看筹码分布图上原有的低位筹码峰已经所剩无几了，表明快速建仓的筹码已经在波段高位参与换手，还给了进场的投资者。有心的读者可以看到，此时上方原本巨大的套牢盘也消失了不少，说明在摊低成本后，主力完成了自救行情，已经换手出局。在定格点后，股价再次展开快速下跌，将不明真相的投资人扔在了山顶。

我们再看一个鲜活的实例。

如图 3-33 所示，这是顾地科技（002694）2015 年 6 月至 2015 年 9 月的日线图。与上一个例子相仿，该股也是见一个波段高点后快速展开下跌，短短时间跌幅就高达 50%。这么快的下跌，而且还是缩量，就算是主力也在劫难逃，因为市场根本没有人愿意交易，因此在市场跌幅告一段落后，我们看到

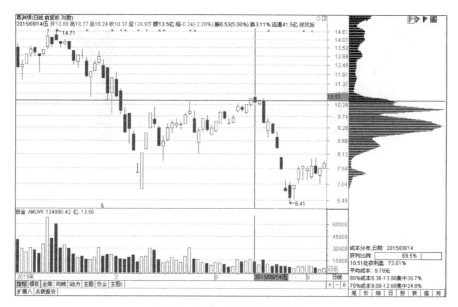

图 3-32 葛洲坝主力自救图

该股筹码分布图上留下了大量的套牢盘。在这当中，注定也有主力的大量筹码留在了其中。

我们看主力随后的精彩表演。在十字光标定格的当天，该股收盘时还是下跌状态，但当天的换手却已经高达 16%。在如此疲弱的市场状态下，是什么人敢如此大胆利用股价的下跌开始建仓，低位抢筹？此时我们看筹码分布图上，一个低位单峰密集成本区已经赫然醒目。毫无疑问，这是快速建仓的效果，能有如此魄力的，除了主力自己，别人根本做不到。主力为什么如此匆忙地建仓，就是想利用大盘回暖的良机，展开一波自救行情，让自己尽快地脱离苦海。

如图 3-34 所示，这是顾地科技（002694）同一幅图，但十字光标定格在了波段高点这一天。纵观该股的波段走势，或许是流通盘小的缘故，相对于葛洲坝的滞重，该股的反弹走得相对轻快，量能缩放之间也更加自如。但有一点是相同的，既然是主力的自救行情，最终目的都是一样的。我们看到十字光标定格的这一天，原本快速建仓形成的低位密集筹码峰几乎消失不见，

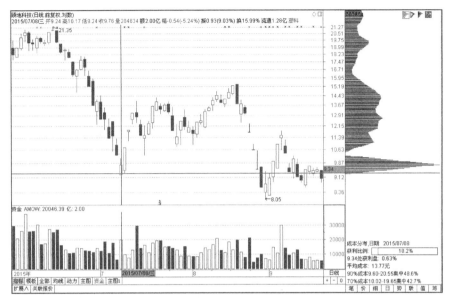

图 3-33 顾地科技建仓图

更主要的是,上方原本巨大的套牢筹码峰也消失不见了。二者如此巧合,只能说明一件事,就是低位回补的筹码摊平了上方套牢筹码的成本,并在波段的高点通过充分的换手,安全逃离了。此时的筹码分布图上,只剩下波段高位参与换手的筹码,它们替代了上方套牢的筹码,形成了一个密集的筹码峰。

主力逃离后,股价以连续跌停的方式从高位摔落下来。此时,该股控股股东的股权遭遇司法冻结的利空公告也随之出现,与主力的配合简直是天衣无缝。回过头来,先知先觉的主力或许提前得到了消息,因此才匆忙地发动一场自救行情,让自己成功脱身。

该种模式相对简单,只要投资人能及时发现底部单峰密集的筹码一个波段后在高位消失无踪,就可判定这是主力的自救行情。主力既然都出局了,股价后市的走势可想而知,因此投资人决不可恋战,要择机尽早出局。被甩下轿最多利润少一点,还可以重新布局,但若是被套在山顶上,短时间怕是很难等到"解放军"了。

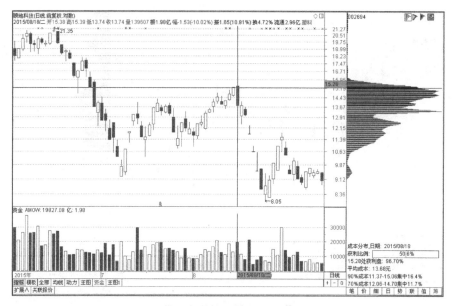

图 3-34 顾地科技自救图

3.3.7 双峰并立 牛股摇篮

主升行情,一定是股价上涨得让人难以想象。在 A 股市场上,那些动辄上涨几倍的股票确实给人留下了难以磨灭的印象。这样的股票其上涨的基因在哪里,又是什么支撑了它们会如此地上涨,直至涨不停,不停涨?读懂这一小节,您会找到答案。

鉴于图表的局限性,以及几倍股票的巨大涨幅空间,我们会以连续图表的形式尽可能地为大家讲解清楚,让大家了解这种模式的产生原因及发生原理,帮助大家认识并掌握这种筹码分布的模式特点,打开您投资生涯的另一扇窗。

博实股份(002698)是中小板的一只股票,属于专用设备制造业,主营自动化设备的研发、生产和销售,其控股股东是哈尔滨工业大学资产投资经营有限公司,有高校背景。依托于哈工大的科研实力,近几年该股逐渐向智能机器人产业发展,并与创业板上市公司"机器人"成为智能机器人行业的领军企业。

从2014年2月开始,该股反复筑底,经过一年的时间,于2015年1月启动,走出了一轮上涨幅度达3倍的波澜壮阔的行情。我们就以该股为例,为大家讲解筹码低位双峰合璧后,爆发主升浪的模式特点。

如图3-35所示,这是博实股份从上市以来至2014年4月的周线图。我们的讲解就从十字光标定格的这一周,也就是2013年11月8日开始。

图3-35 博实股份连续图1

从图中可以看到,该股上市后并没有上扬,而是用了12周的时间下跌寻底,并于2012年12月探底成功,开启上涨之路。从5.46元开始,该股间歇放量,推动股价走出了一波翻倍行情。该股在翻倍后开始震荡整理,并于图中十字光标定格的地方展开连续3周的调整。在定格点我们看到,筹码分布图上已经形成了一个低位单峰密集的成本区,并且这个单峰密集成本区距离十字光标定格点的股价还有一段距离,说明无论是上涨还是下跌,这部分获利的筹码都是没有出局的打算的。如此志在高远,不为短线波动所迷惑,我们可以确定,这些筹码一定是主力的。

如图 3-36 所示,这是博实股份的第二幅图。与上一幅图时间跨度一样,只是十字光标定格点落在了又一个股价的高点。我们看到股价在上次定格点的地方开始启动,再次展开上攻的走势,股价由 11.68 元涨到 20.21 元,幅度高达 80% 左右。尽管如此,从筹码分布图上可以看到,上图中低位单峰密集的筹码依然没有获利了结,相反还形成了我们之前介绍过的上涨多峰的态势。这也就预示着即便股价回调,也不大可能直接回调到单峰密集成本区,或许在小的筹码峰上面就可以止住跌势。

是不是这样的,我们看下面的图。

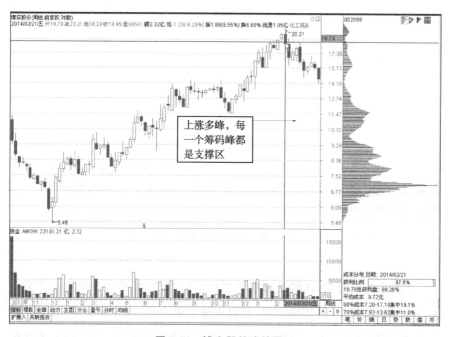

图 3-36 博实股份连续图 2

如图 3-37 所示,这是博实股份后续股价走势的周线图。我们看到股价从高处回落,由终点又回到起点,跌到 12 元附近。从 20 元附近算起,这一轮跌幅达到了 40%。尽管有这么大的跌幅,但我们看到筹码分布图上低位单峰密集的成本区仍然保持完整,并不为所动,甚至连上涨多峰中处在下面的低位小筹码峰也完整如初。由此可见,主力在低位获取大量筹码后,通过市场的震荡,在另一个价位也进行了加仓,进一步提高了自己的仓位。主力到底想要做什么呢?我们看随后的走势。

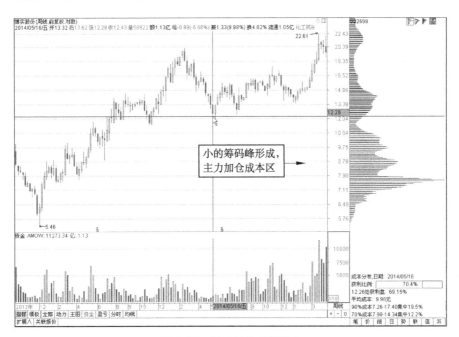

图 3-37　博实股份连续图 3

如图 3-38 所示,这是博实股份后续股价走势图。从这幅图上我们看到股价整体进入一个箱形整理阶段,主力进一步加大了震荡的力度。我们分别选取箱体中几个高点和几个低点作为定格基准点,看看筹码图上主力的动向。在第一个小高点,筹码分布没有什么变化,依然是单峰密集,并在单峰密集筹码区的上面,又形成了上涨多峰的态势,这一方面说明主力在增仓,另一方面也说明市场的整体成本在上升。

如图 3-39 所示,这是博实股份箱体整理第二个选取点的图,是一个低点。这一幅图与上图几乎一模一样,筹码分布延续了上图的状态,唯一能说明的,就是股价一上一下之间,主力纹丝不动。股价在这一个区间上下地涌

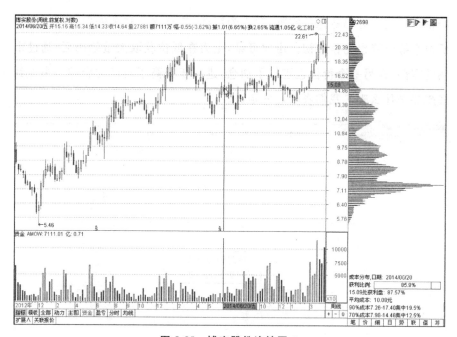

图 3-38　博实股份连续图 4

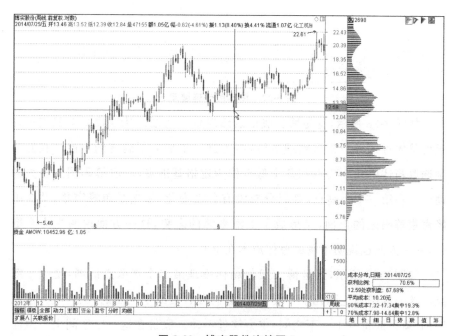

图 3-39　博实股份连续图 5

动,高点是15.73元,低点是12.04元,箱体差价达到了25%的幅度,也不算小了。换作一般的散户,大部分都应该下车了。可见,抓住一只牛股真的不是一件容易的事情。

如图3-40所示,这是博实股份箱体整理第三个选取点的图,又是一个高点。这一幅图没什么可说的,因为筹码的分布几乎没有什么变化。要是讲解,只有一点需要提醒大家注意,那就是在整理的过程中,股价的高点和低点都是一点比一点高的,这从一个侧面表明即便是整理态势,股价也是处在一个强势当中。主力通过这些点点滴滴的迹象,维系着盘面的强势,也无声地暗示自己具有足够强的实力。

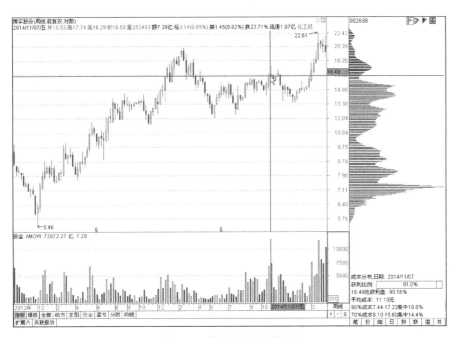

图 3-40　博实股份连续图 6

如图3-41所示,这是博实股份箱体整理的最后一个点的图,是一个箱体的低点。这幅图筹码分布没什么讲解的,因为还是没有变化。但观察股价,却发现经过长达一年的整理,股价在一个相对高位构成了一个大型的三角形整理形态,并运行到了三角形形态的末端,即将面临突破。

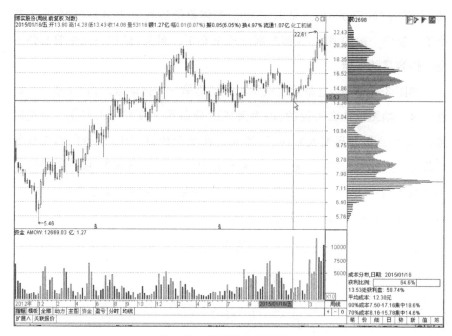

图 3-41　博实股份连续图 7

从图 3-36 的高点到图 3-41 的低点，我们利用通达信软件中的区间统计功能对这个三角形进行了换手的统计，发现三角形内的换手已经达到了 419%。如此充分的换手，市场上的流通筹码已经不多了。

如图 3-42 所示，这是博实股份股价最后的高位突破图。我们看到在股价最终突破的定格点，筹码分布图上除了一直不动的低位密集筹码峰，还在定格点价位又形成了一个高位的筹码密集峰，构成了双峰合璧的态势。我们看到经过这一系列的准备，主力不再犹豫，股价自突破三角形后开始放量拉高，并在最后形成大角度急速上冲的格局，将股价一举推高到 52.01 元的高位，在高位整理的价格之上，又使股价翻了 3 倍。如果从主力深度介入的最低点算起，该股用两年半的时间，最终实现了 10 倍的涨幅。

双峰并立是大牛股的摇篮，我们连续用了八幅图为大家讲解一个实例，就是想通过细节的展示，让大家了解主力是如何坚忍卓绝，面对大幅获利的局面持股不动，继续搜集筹码，最终实现 10 倍涨幅梦想的。

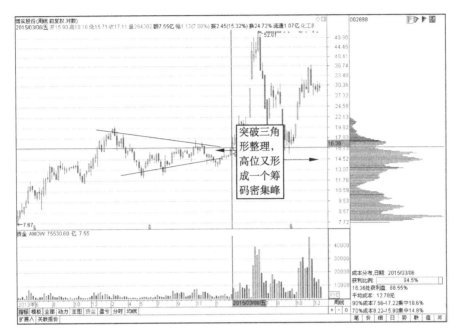

图 3-42　博实股份连续图 8

该模式其实并不复杂,最主要的一点就是股价低位形成的单峰密集的筹码无论如何都不肯卖出,一直坚守不动。此外,在单峰密集之外,当股价在高位进行长时间的整理时,主力又通过充分的换手,在相对高位又形成了另一个单峰密集的成本区,这也是二次行情能够发动的基础。

伟大的操盘手利莫佛尔曾经说过:"利润从来都不是操作得来的,恰恰相反,利润是靠时间的积累等来的。"通过双峰并立模式的讲解,相信大家能对这句话有更深刻的认识。

3.3.8　高峰不散　下跌不断

筹码是固定的,流动是永恒的。在第 1 章筹码的发散的章节里面,我们谈到过,市场上的流通筹码,其发散的过程就是从低到高,再从高到低,如此不断地循环往复,市场因此才有了流动性。

在前面的七种模式中,我们着重讲解了筹码是如何由低位到高位的过程,现在我们谈一下筹码从高点到低点是如何流动的。这能从另一个角度让我们认识市场的风险,揭示市场是如何否极泰来的。

为了将模式的过程以及当中的细节讲清楚,我们还是采取连续图解的方式,便于大家快速地理解。

如图3-43所示,这是喜临门(603008)2015年5月至2015年10月的日线图。图中十字光标定格的点是该股的历史最高点31.42元。感兴趣的读者可以翻看该股之前的图。自上市以来,该股也是以牛股的面目出现的,从最低的4元多一直涨到了我们定格的这个价位。现在我们就从这个历史新高开始,看看该股血淋淋的割肉史。

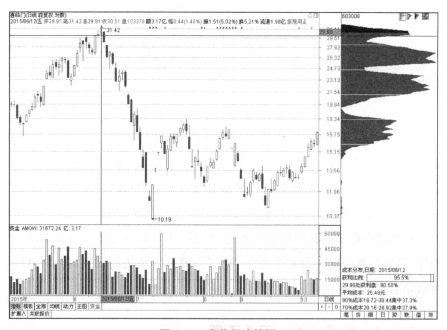

图3-43　喜临门连续图1

我们看十字光标定格这一天的筹码分布图,应该说筹码分布得比较均匀,下方还有很多筹码没有出局,是一幅很不错的上涨多峰图。虽然如此,考虑到该股股价已经上涨了几倍的现实,在实际操作中我们还是要多加留心,特别是对下方的筹码更是如此。一旦主力的筹码消失,则意味着暴风雨的来临。

如图3-44所示,这还是喜临门的上一幅走势图,但我们将观察的重点放在了股价下跌的第一个横盘处。为什么要观察这里呢?因为这个地方对应的是左侧股价上涨时留下的一个低点。从技术上说,一般而言,如果一只股票上涨趋势能够保持完好,像这种低点是不应该被破掉的,因为一旦破掉,整个技术形态就遭到了破坏,后市再想上涨,主力要花费很大的力气才行。所以这个地方,主力是要采取措施护盘的。

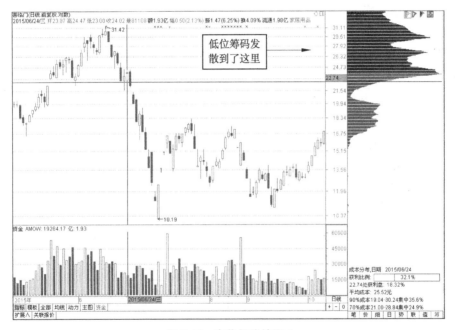

图3-44 喜临门连续图2

在十字光标定格的那一天,股价在前一日收阳企稳的基础上开始横向整理,看起来主力是在维护盘面,但您若仔细观察筹码分布图,就会吃惊地发现,上图中原本持股不动的底部筹码突然消失了。这是很重要的发现,它意味着主力提前跑路了。换句话说,正是主力不计成本的打压,才导致了这一段的下跌走势。如果您会使用区间统计功能,就会发现,这一段的换手达到了39%,意味着主力的底仓已经实现了逃亡。

筹码是固定的，主力底仓的消失注定是将筹码发散在了高位，所以我们看到筹码分布图上高位形成了筹码峰。很可惜，低位获利筹码已经变成了高位套牢的筹码。

如图3-45所示，我们将喜临门走势图的定格点选在了股价下跌后的低点。该股当天大幅低开，随后发力上攻以涨停板收盘，当日换手达到了14%，展开快速建仓行情。这样的走势我们不陌生，因为在前面介绍主力自救模式时曾提到过。主力既然采取了这种做盘手法，说明前期由于下跌太快，主力虽然完成了底仓筹码的出局，但还是有相当数量的筹码留在了场内，没有办法出逃，被套在其中。

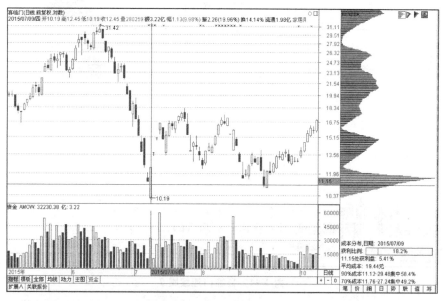

图3-45　喜临门连续图3

我们观察的重点不在这里，而是图3-45中大量的套牢筹码如今怎么样了。通过本图我们看到，在主力展开强力自救行情的同时，上方原本巨大的套牢盘已经消失了不少，这表明主力当天建仓的筹码有很大一部分是上方的套牢盘割肉所致。这些都是散户带血的筹码，一瞬间就成为主力自救行情的底仓。

如图3-46所示,这是主力自救行情波段顶部的走势图。主力通过两个波段完成了自我救赎,此时我们看筹码分布图,原本层层叠叠的套牢盘如今已经所剩无几了,大部分的筹码都集中在主力自救行情的顶部。更重要的是,主力通过这样的运作,居然在底部形成了一个单峰密集的筹码峰,这就说明在这段行情中,大部分亏损者本着"少亏当赚"的心态认赔出局了。主力非但自救成功,还为今后的行情建好了底仓。

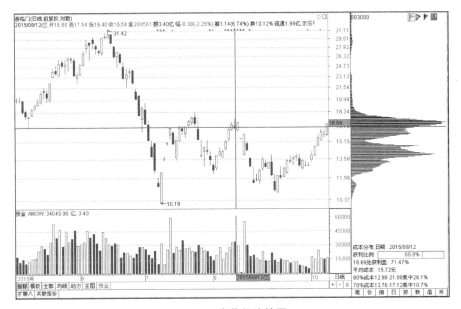

图3-46　喜临门连续图4

如图3-47所示,这是喜临门股价二次探底图。如果仔细地阅读了本书,这幅图相信您也不会陌生。不错,它就是本章内容的模式三,洗盘回归单峰密集。只不过主力在这里运用的是更为凶狠地洗到单峰密集成本区的下方,让自己的获利筹码在短时间内也套在其中。这样做的效果非常明显,从筹码分布图上可以看到,在原本获利的单峰密集成本区的下方,又出现了一个筹码峰。此时再看上方的套牢筹码,全部都不见了,消失得干干净净。这也说明,散户受不了主力一计连着一计的折磨,全部割肉出局,主力的连环计大获成功。

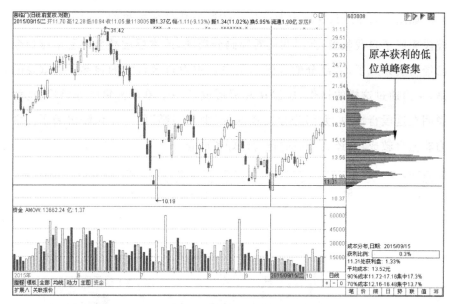

图 3-47 喜临门连续图 5

如图 3-48 所示,我们看一下该股的终极走势图。主力在成功洗盘后于十字光标定格的那一天放量上攻,一举突破了单峰密集成本区,同时突破了

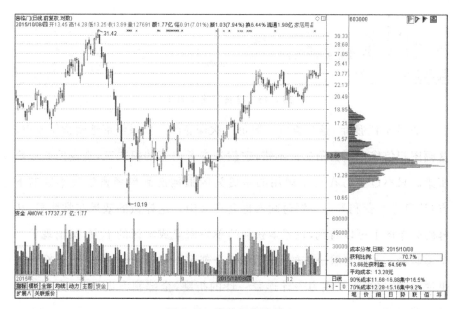

图 3-48 喜临门连续图 6

小型双底的颈线位,又回归到了我们之前讲过的模式一的内容,突破低位单峰密集模式。筹码经过由高到低的循环后,又在低位汇聚,开启了新一轮的上涨。

一轮完整的筹码循环往复的游戏我们欣赏完了,下面我们将这种模式也进行一下总结。第一,筹码在低位形成新的密集峰意味着股价的企稳。第二,要想有新行情的发生,上方的套牢盘必须割肉出局。如果高位的筹码峰没有认赔出局,股价还会连绵不断地阴跌下去,直到筹码完成新一轮的转换。

在实战中,大家可以使用鼠标对股价高低点的筹码分布图进行互换的观察,如果发现底部有新建仓的筹码峰,同时上方的套牢筹码在减少,则需要对该股密切留意,说不定您会发现主力的行踪,与主力共舞一回。

3.3.9 高峰跌破　止损坚决

此种模式相对简单,相信大家也能够很好地理解。一只股票如果在高位形成了单峰密集的形态,意味着低位的筹码已经通过换手开始在高位聚集,此时如果股价跌破高位单峰密集区,说明主力选择了逃离。

如图 3-49 所示,这是方正证券(601901)2015 年 3 月至 2015 年 9 月的日线图。这是一幅经典的跌破高位筹码密集峰、大幅下跌的走势图。在图中十字光标定格的地方,筹码分布图上已经形成黑云压城之势,股价于当天跌破了筹码峰,同时跌穿了箱形整理形态的箱底位置,随后便是大幅的下跌。如果在跌破高位密集峰时不坚决止损,留给您的只能是站岗放哨的任务了。

我们再看一个实例。

如图 3-50 所示,这是龙宇燃油(603003)2014 年 12 月至 2015 年 9 月的日线图。这也是一幅很经典的图,股价在大幅上涨后开始在高位震荡,并通过这种方式将筹码全部移到了上方。在十字光标定格的当天,筹码分布图上已经形成了高位单峰密集的筹码峰,黑压压一片从高空向下俯视。此时股价跌破高位平台整理,随后就"飞流直下"了。

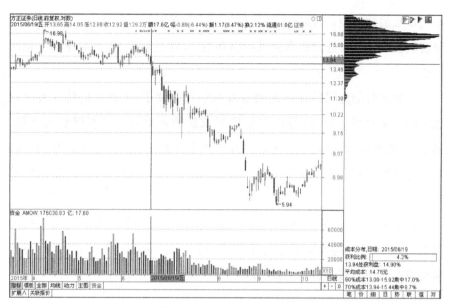

图 3-49　方正证券日线图

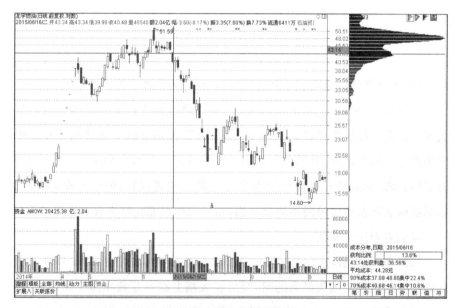

图 3-50　龙宇燃油日线图

这个模式非常简单,它告诉我们的其实就是一个道理,那就是"君子不立危墙之下"。实战中看对与否其实不大重要,但是否做对则关系到我们的身家性命，希望这个模式能给大家带来一些警醒。实战时跌破高位筹码峰后坚决止损只是我们的最后一道防线，最稳妥的是，当筹码高位聚集时，就要时刻留心了。

移动筹码分布九种实战技法到这里就全部介绍完了，不知道大家是否满意里面的内容。严格意义上讲，这九种技法不过是将不同形态、不同位置的筹码分布结合股价的走势单独细说而已，实战中筹码的流动其实是将这九种技法全部融合的，如此才是一个筹码流动的全过程。筹码就像水，总是向着阻力最小的地方流动，大家只需牢记一点，高位的筹码总是会低流，低位的筹码总是梦想着高飞，如果实际走势与这种常态模式脱节，大家只需逆向思考，或许就会理解其内在的玄机。

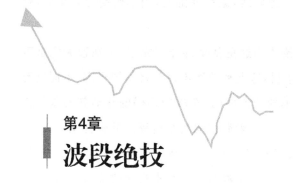

第4章
波段绝技

利用筹码峰高低位的密集与发散,结合K线的走势,从而对股价进行综合研判的九种技法我们已经详细介绍过了。从理论上来说,这九种技法已经涵盖了股价的所有走势,剩下的只是在什么场合运用哪种模式的问题了。尽管如此,有的读者或许仍然觉得不过瘾;而有的读者也会提出一些疑问,那就是书中举的实例都是经典图例,或者解说的点都落在股价趋势行情或波段行情的高低点上,可是当一个读者打开证券分析软件,面对电脑屏幕上任意一只股票的最后一天K线时,又该怎样判断这是股票的顶或是股票的底呢?若二者都不是,那么又该如何分析呢?

应该说这样的疑问强调了实战的重要性,为此我们通过本章的内容为您做出解答。

4.1 缩 图

有人曾说过一句很有哲理的话,"证券市场唯一确定的东西就是它的不确定性"。是的,当我们面对 K 线图时,面对的永远是未知的世界,谁都不知道明天究竟会发生什么。而所谓的顶与底,实际上只有事后我们才能够意识到。如此一来,当我们面对筹码分布图,难免会发出疑问,现在的筹码到底是在高位还是低位,有没有形成所谓的筹码峰呢?

应该说这些问题道出了筹码学的实质,若不能很好地解决这些问题,读者难免会对筹码学,以及筹码学的实战应用产生怀疑,所以我们先来解决这个问题。

这样的问题容易解决吗?应该说非常容易,而且办法也很简单,只用两个字——缩图。

4.1.1 缩图方法

何谓缩图?所谓缩图,就是利用证券分析软件的压缩功能,在电脑屏幕上尽可能多地显示 K 线的数量,以此获得更加多的信息量。

缩图有两种方法,一种是利用证券分析软件中的功能,调整初始 K 线数;另一种是利用键盘上的上下移动键,压缩 K 线图形,以此达到缩图的效果。

我们先看第一种方法。

在通达信版本的证券投资分析软件中,系统给出的初始 K 线数是 120 根,也就是说,当您打开一只股票的 K 线图时,电脑屏幕上显示的 K 线数量一定是 120 根。要想达到缩图的目的,您可以修改系统参数。对于老股民来说,这些可能都不是问题,但考虑到新股民这一群体,这里还是将具体的操作步骤介绍一下。

修改初始 K 线数量的步骤如下。

(1) 找到软件中显示有"菜单"字样的子项。

(2) 用鼠标点击菜单,在里面选择"工具"字样的子菜单。

(3) "工具"子菜单中里面还有更多的子选项,从下面数,单击倒数第二项的"系统参数"选项。或者您也可以直接利用键盘,按下 Ctrl+D 组合键,也能进入系统参数设置对话框。

（4）系统设置对话框里面也有很多子选项，单击设置4即可。

（5）在设置4里面有许多的复选框，其中一项是锁定分析图中的初始K线数。当您在复选框中将其勾选时，原本灰色的方框会变白，可以输入您想看到的K线数量。

有一点需要说明，由于系统的原因，这种操作完成后，电脑屏幕上显示的K线数量最多是280根。

我们用图说明一下。如图4-1所示，这是进入系统设置，选择设置4后的图。里面的众多子选项都是软件为了方便大家操作所做的一些技术设置，我们在图中用箭头对需要勾选的复选框进行了标注，这样大家就能够很容易地找到了。

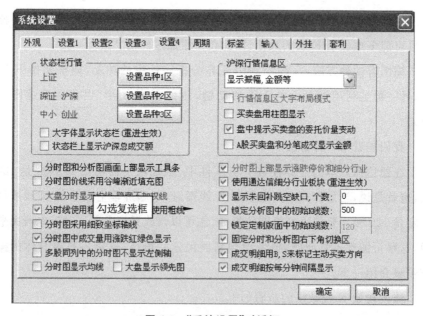

图4-1 "系统设置"对话框

第二种压缩图形的方法相对简单，也是我们最常使用的，就是利用键盘上的上下移动键进行操作即可。

当您想要压缩图形时，可以连续按带有下箭头的下移动键，这样K线图会自动连续压缩,直到不能压缩为止。在此过程中,如果您觉得图形压缩得已经符合您的要求了,可以停止按键,K线图就会静止不动。

连续按下带有上箭头的移动键,K线图会自动连续放大。停止按键,放大后的K线图就会停止不动。

这种操作方法非常简单,而且可以对图形进行无限的压缩,可以将一只股票从上市开始到当日行情的走势完整地呈现在您的面前,因此是我们缩图观察股票的首选。但有一点需要提醒大家,就是这种缩图的方法只限定在您选定的股票上,一旦您选择其他股票,或者当您在选定的股票上进行K线图和分时图切换观察的时候,系统会自动恢复到当初设定的K线数量上来。

如图4-2所示,这是澄星股份(600078)的无限压缩图。这幅图将该股自1997年6月27日上市至2015年12月28日截图时的全部K线图都包含了进去,为您全景式地再现了该股股价的走势路径。通过它,您可以清晰地观察到该股目前所处的趋势,以及股价当前所在的位置。

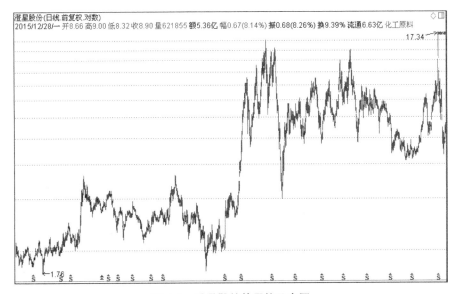

图4-2 澄星股份的压缩示意图

在通达信的分析软件设置中,电脑屏幕上K线数量放大到最少时,显示的K线数量是5根。当您连续按带有下箭头的下移动键,K线数量由最少的5根依次显示为10根、20根、40根、60根、100根、150根、200根和280根,再往下就是无限压缩图了。

了解了这些知识,我们就能在缩图时有的放矢,知道自己想要的大致范围了。

4.1.2 缩图看股价的趋势

缩图,也就是将K线图压缩后,我们就了解了K线图的全貌。那么缩图对我们来说具体有什么作用呢?简单说压缩图的作用体现在以下几个方面。

第一个作用可以从总体上观察股价的运行态势。目前对股价趋势的判断有两种理论最为经典,分别是道氏理论和波浪理论。如果说还有其他的理论的话,也是从这两个理论中脱胎而出的。这两种理论看似相互独立,但其实都是对股价的顶底非常关注,并由此判断股价总体趋势的运行情况。

如图4-3所示,这是澄星股份(600078)的压缩示意图。如果我们运用道氏理论对该股的趋势进行判断,最简便的一个方法便是在上面画两条水平支撑阻力线。道氏理论最看重的就是这种由收盘价或者股价的高低点引申出来的水平的支撑阻力线,并通过它们对股价所处的趋势进行研判。如图中水平线1所示,这是由股价左侧双头的高点引申出来的水平支撑线。在道氏理论中有一条原理:当一个高点被有效突破后,在未来股价的走势中,被突破的点会由原先的阻力作用演化为日后的支撑作用,水平线1反映的就是这一点。

我们看到股价在成功突破水平线1后,在以后的多年时间里除了偶尔一次跌穿过该线外,其余时间一直都是在支撑线上运行,起到了良好的支撑效果。我们再看图中所示的水平线2,它是由股价突破水平线1后留下来的由高点引申出来的阻力线。我们看到该线在几年的时间里始终都对股价具有某种压制作用,并成功地对股价进行了两次阻挡,这说明水平线2就是股未来的重要阻力位。通过这两条简单的线段,懂得技术分析的朋友立刻就会意识到,澄星股份的总体走势是一个箱体的震荡走势,其中箱顶就是水平线2,而箱底就是水平线1。具体的操作,我们可以采取股价跌到箱底买入、涨到箱顶卖出的策略,在震荡行情中获利。

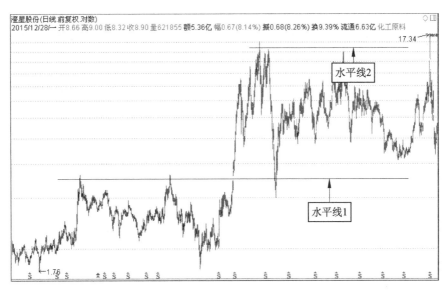

图 4-3　澄星股份压缩示意图

波浪理论在对股价趋势的分析中与道氏理论大同小异,只是波浪理论不仅做水平支撑阻力线,还从浪型的顶点和低点引出倾斜的趋势线与管道线用以辅助判断趋势的变化,但前提条件还是要总览股价运行的全局走势,而这,依然离不开缩图的配合。

4.1.3　缩图看筹码的位置

压缩图第二个作用是可以对当前筹码的高低位置做出明确的定位。

筹码通过换手流动后,若是在一个价格区间内形成了单峰密集形态,这个时候筹码分布图的作用是最大的。问题在于,这个单峰密集所处的位置究竟是主力吸筹的低位还是主力派发的高位呢?这是决定我们后续怎样操作的一个关键问题,而压缩图恰恰可以帮助我们解决这样的问题。

如图 4-4 所示,这是中海集运(601866)2015 年 4 月至 2015 年 8 月的日线图。这是一幅正常的股价走势图,股价在见到 12.08 元的高点后展开回落走势,在十字光标定格的当天,我们看到筹码分布图上除了高位留下的巨大的套牢盘之外,还在低位形成了两个小的、代表亏损筹码的蓝色密集峰形态。最底下的,还有一点粉红色的盈利筹码。

此时我们该怎样解读这种形态呢?首要的一点,就是确定我们看到的筹码峰究竟处在什么样的位置。我们看下面的图解。

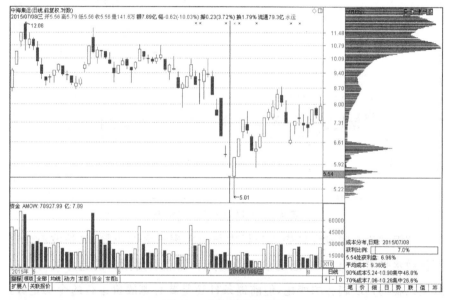

图 4-4　中海集运日线图

如图 4-5 所示,这是中海集运(601866)的压缩图。由于是压缩图,K 线数量相比正常图形明显偏多,因此股价的具体变化看得不是很清楚。这不是问题,因为我们此时的重点是观察筹码分布图。十字光标定格的时间点与上一幅图是完全一致的,但此时我们看筹码分布图就会发现,上图中低位的筹码峰在此时看来已经不是低位了,而是处在半山腰的位置上,如此一来,我们对该股的研判就会发生一些微妙的变化。

如果说上一幅图给我们的信息是筹码还处在低位,但半山腰的筹码让

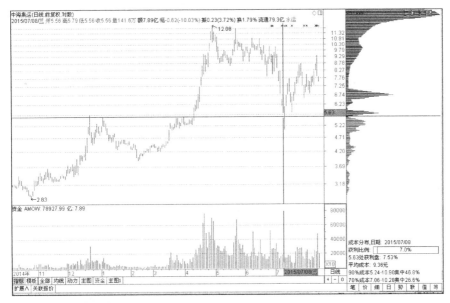

图 4-5 中海集运压缩图

我们介入该股时就要抱有一丝谨慎,毕竟上方巨大的套牢盘我们不能视而不见。但令人欣慰的是,该股真正的低位毕竟还留有主力的一些底仓,后市一旦下跌,这些低位筹码所在的价位会给我们提供一些技术上的支撑。由此我们就可以得出结论,该股不可中线建仓,但可在设置好止损位的前提下短线参与。

通过这一幅图,相信大家应该能理解,在分析筹码时,我们可以将图形进行适当的压缩,这样可以更好地观察筹码所处的具体的高低位置,如此一来就可以避免接收错误的信息,保证决策的科学性。

4.1.4 缩图看筹码的分布

压缩图的第三个作用就是看筹码究竟是在哪个价位上真实地分布。证券分析软件在设置的时候,对一个价位堆积大量筹码的现象会进行视觉上的凸显,这样虽然有助于帮助投资人快速聚焦大量筹码所在的价位,但同时也对一些只有少量筹码堆积的价位进行了挤占和过滤,特别是在前复权的情况下,这种现象会更加地明显。有的时候,这种现象会无足轻重;但有的时候,它会让我们漏掉一些重要的信息。

如图4-6所示,这是宝钢股份(600019)2015年6月至2015年12月的日线图。这是一幅很普通的图,在十字光标定格的那天,我们来看右侧的筹码分布图,映入眼帘的几乎全是蓝色的、众多的套牢盘,并且这些套牢盘还形成了下跌多峰的形态,似乎预示着股价还有巨大的下跌空间。但我们看到在随后的3个月中,股价并没有形成下跌,相反却是低位来回地震荡,这是为什么呢?

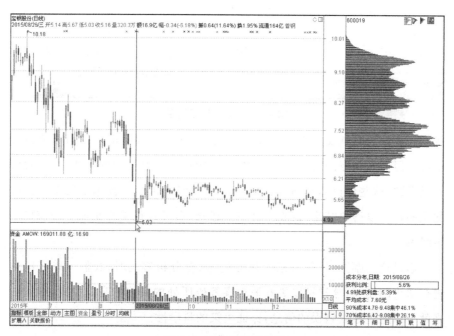

图4-6　宝钢股份日线图

我们往下看就会明白了。

如图4-7所示,这是宝钢股份(600019)的压缩图。十字光标定格的时间点与上一幅图完全一致,但带给我们的感受却截然不同。从上图中看筹码图时几乎看不到希望,但本图就不一样了,我们看到还有一些筹码分布在十字光标定格点价位的下方。正是因为有这些筹码的支撑,股价才会横盘4个月而不下跌。这些筹码在日后或许就会成为火种,照亮该股的前程。

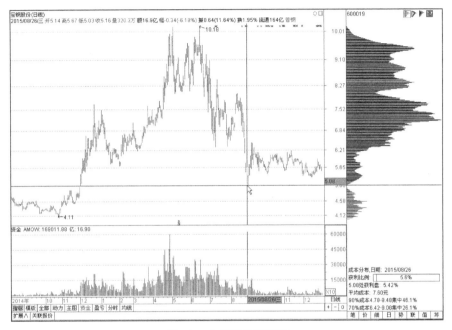

图 4-7 宝钢股份压缩图

看到这里大家可能已经明白了,使用压缩图可以将一些我们原本没有发现的信息显示出来,这对于我们正确地进行决策,科学地拟订交易计划是有很大的帮助的,大家对压缩图使用熟练后,对于这一点就会有更深的理解了。

在本节内容的最后,我们看看宝钢股份在截图当日也就是 2015 年 12 月 28 日的筹码分布图,希望能带给读者一些启发。

如图 4-8 所示,这是宝钢股份(600019)最新筹码图。通过这幅图,您看出了什么?

与上图对照,我们发现该股上方巨大的套牢盘已经消失了很多,说明 4 个月的横盘已经让很多投资人失去了耐心,选择了割肉出局,转而去追寻市场的热点。此外我们还看到,在下方筹码没有消失的情况下,股价的横盘区域已经出现了筹码的单峰密集趋势,这些都是主力默默吸筹的迹象。随着该区域换手的持续,假以时日,谁又敢保证该股不会拔地而起、一飞冲天呢?

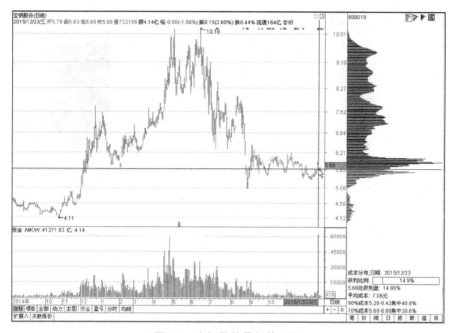

图 4-8　宝钢股份最新筹码图

4.2　获利比例的奥秘

筹码分布图分为两部分,上半部分以图形的方式直观地展现了流通筹码在不同价位之间的分布情况,这部分称为筹码图;下半部分以数字化的方式说明了当前筹码所处的状态,这部分称为说明图。

说明图大家运用得比较少,甚至有好多人都不去看它,更少有人在实战中去运用它,但其实它还是有很大作用的,下面我们就来一一破解。

4.2.1　获利比例的解读

获利比例与筹码一样,都是始终处在流动的状态当中,有的时候相邻 K

线之间的数值都相差很多。

获利比例是与市场上的流通筹码相对应的,其数值反映的是在您选定的当前价格下,市场上流通的盈利筹码和亏损筹码占全部流通筹码数量的比值。获利比例的比值是相对的,数值在 0~100% 变动,解读的方式是,有多少获利筹码的存在,相应的就有多少亏损筹码的存在,二者是互为余数的关系。

举个例子,如果一只股票,它的获利比例显示是 60% 的话,意味着在当时的价位上,全部流通筹码中有 60% 的筹码处在获利状态,那么剩下的 40% 的筹码则自然处在亏损状态。换句话说,获利比例越小,意味着市场上大部分人都处在亏损状态;获利比例越大,意味着大部分人都处在盈利的状态。

在电脑屏幕上,获利筹码是用洋红色显示的。

4.2.2 获利比例的作用

获利比例是一个数值,单纯看获利比例的数值也许意义并不突出,因为在换手率偏小的情况下,获利比例显示的数值其变动的幅度不是很大。不过有的时候,如果您连续地观察,可以得到非同寻常的效果。您会发现其变动的幅度会有突然的增减变化,这就是所谓的异动。造成获利比例数值出现异动的原因,就是当天换手率出现了明显的变化,这也就意味着筹码的流动性在加大。

我们用连续图解的方式为大家说明一下。

如图 4-9 所示,这是东方电缆(603606)2015 年 10 月至 2015 年 11 月的日线图。在图中十字光标定格的这一天,也就是 2015 年 11 月 3 日,我们看筹码分布图,获利比例的数值显示为 7.2%,这就意味着市场上有 92.8% 的投资者处在亏损的状态当中。当天的换手是 3.99%,虽然说当天是阴线收盘,但从换手看,资金在当天有活跃的迹象。

我们再往后看。

如图 4-10 所示,这还是东方电缆(603606)那幅图,只是十字光标向右移

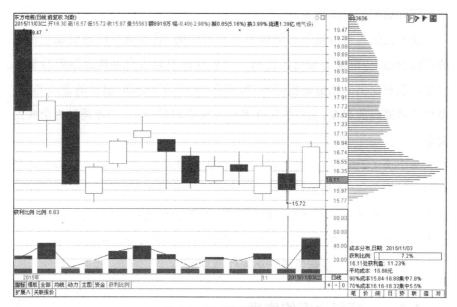

图 4-9　东方电缆连续图 1

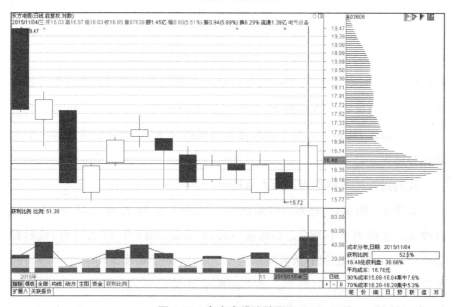

图 4-10　东方电缆连续图 2

动了一根 K 线。此时我们再看,获利比例的数值显示,市场上已经有 52.5% 的筹码开始获利了。仅仅相隔一天,世界就大为不同。这种极端的异常走势就是我们看盘时观察的重点。当天的换手达到了6.29%,相比昨天放大了一倍,说明资金更趋活跃,筹码流动更加频繁。主力是轻易不会为散户解套的,但事实告诉我们,一天的时间,该股大部分的筹码已经由亏损变成了获利,这种现象只能有一种解释,那就是这两天活跃的筹码一定是主力的。主力这么做的目的是什么呢?

如图4-11所示,这是东方电缆(603606)后续走势图。这幅图我们给出一个全景,大家看得就会更加清楚了。十字光标定格的当天就是上图中的定格点,我们看筹码分布图上此时形成了一个相对高位的单峰密集形态。主力在两天的准备后第三天更加积极地运作,虽然K线收出一根小阳线,但单日的换手却进一步放大,达到了7.29%,3天累计换手达17%。主力积极运作的背后是在第四天收出了一个涨停板,随后连续拉高,几天时间股价就由16.48元涨到22.00元,涨幅接近40%,短线获利惊人。

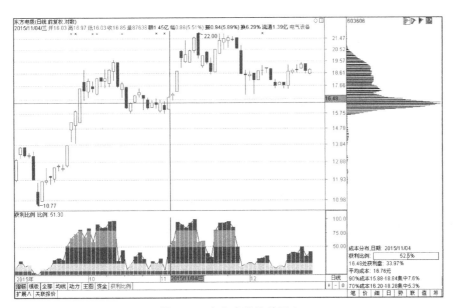

图4-11 东方电缆连续图3

通过这个实例,大家或许已经了解了获利比例的作用,那就是跟踪主力。主力如果有动作,盘面上必然有某种痕迹留下,股价的走势也会因为主力的关照而变得与寻常不同,而筹码的流动必然造成获利比例指标大幅的异动。如果您看盘有经验,这些不一样的地方会引起您足够的警觉。

4.2.3 获利比例的超跌区间

获利比例反映的是筹码的变化,因此在使用过程中不像其他指标那样受参数的影响,所以可信度还是比较高的。

那么获利指标在实战中如何运用呢?关键就在于几个数值。

证券市场有句谚语"一盈二平七亏",说的是在市场上盈利的注定是少数人。既然如此,如果当一只股票获利比例的值显示为100%,即市场上所有投资者都获利时,这只股票的参与价值注定不大,因为此时这只股票潜在的风险将远远大于其可能的收益。

按照这样的逻辑,我们根据潜在的风险与收益,将获利比例划分为超跌区间、反弹区间、持股区间以及风险区间四个区间。

下面我们逐一地进行介绍。

超跌区间,获利比例在0%~10%。一只股票以当天的收盘价为基准,当获利比例在0%~10%时,我们就说这只股票进入了它的超跌区。一只股票获利的比例连10%都不到,意味着几乎所有的人都处在亏损状态。散户套牢可以等,主力要是被套牢,一定不甘心等待,他会想方设法利用一切有利时机发动自救行情,将自己解放出来。有的读者可能会说,不是还有10%的筹码获利吗,怎么说主力也被套了呢?我们说如果一个机构能被称为主力,那么他控制的筹码量至少占该股全部流通筹码的30%以上,否则他是无法控制股价走势的。当一个主力只有10%的筹码获利时,此时的机构与一个大散户没有什么区别,所以机构想要发动自救行情的心情比散户要迫切得多。

一只股票的获利比例在10%以下的时候,如果短线企稳,我们认为此时的股价有可能就面临着一个买入点。毕竟,此时的投资者是全体套牢,人人思涨。如此一来,市场上的抛盘几乎枯竭,超跌反弹的概率大大增加。

如图 4-12 所示,这是伊利股份(600887)2015 年 7 月至 2015 年 12 月的日线图。我们看筹码分布图上获利比例的数值是 7.7%,意味着 92.3% 的投资者都处在亏损状态,股价进入了超跌区间。此时人人当然都希望行情能够涨起来,让自己摆脱亏损的局面,身处其中的主力,当然也希望如此。我们看到该股在进入超跌区间后,量能也呈现出地量状态,说明市场上的抛盘已经枯竭,再也没有下跌的动力了。主力利用这一有利条件,快速发动反弹行情,连拉两根大阳线,随后在到达阻力位后见顶回落。

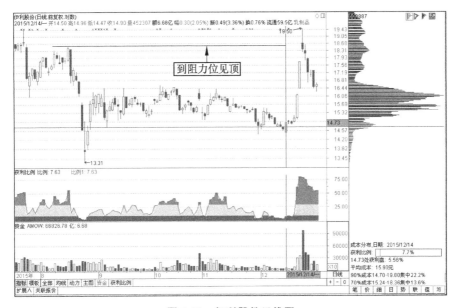

图 4-12　伊利股份日线图

伊利股份的超跌反弹行情来得非常迅速,可以说是一步到位。为什么上方单峰密集的套牢盘没有对股价进行压制呢?我们看下一幅图。

如图 4-13 所示,这是伊利股份(600887)见顶回落后的筹码分布图。十字光标所在的当天是 2015 年 12 月 29 日,也是本章节成书的日子。我们对照这两幅图,可以发现单峰密集的筹码峰并没有发生改变,也就是说这部分筹码在获利后并没有出局,这完全不是散户的行为,也就从另一个侧面证实了这部分的筹码应该是主力所有,所以主力才会发动行情,让自己的筹码获利。

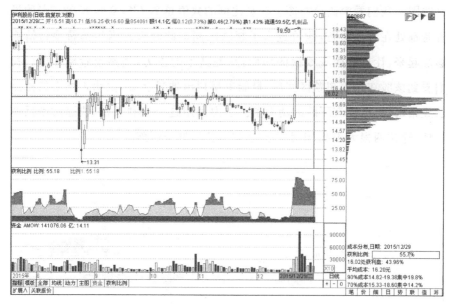

图 4-13 伊利股份筹码分布图

通过这两幅图的比较,我们或许就能理解股价在进入超跌区间后,自身集聚的巨大的超跌反弹的动能。

4.2.4 获利比例的反弹区间

相比于超跌区间超强的反弹动能,反弹区间的走势就显得有些飘忽不定、模棱两可了。

反弹区间,获利比例在10%~30%。一只股票以当天的收盘价为基准,当获利比例在10%~30%时,我们说这只股票就进入了它的反弹区。处在反弹区的股票其后市的走势是非常混沌的,一方面有经验的投资者大胆抄底后,手中的持股现在已经有了一些盈利,既想获利了结,又想继续获利;另一方面,当主力拿到该股流通筹码的30%时,他就有一定的能力控制股价的走势。为了做好后续的行情,不排除主力会采取一些震仓洗盘的行为。

这个时候,我们可以有两种选择:一是试探买入,用少量筹码试盘。如果这只股票在接下来的几个交易日获利比例持续上升,意味着场外的买盘也开始进场,该股后续就会进入持股区间,我们就可以再持有一段。二是继续观望,看该股后市的表现。当一只股票的获利比例持续在10%~30%徘徊时,我们尽量少去参与,因为主力很可能在用横盘清洗浮筹,何时启动很难把握。如果某一日股价有所表现,此后换手开始逐渐增大,我们才可以密切跟踪,择机进场交易。如果股价再次回落到超跌区间,我们再次进场就好了。

如图4-14所示,这是方正证券(601901)2015年8月至2015年10月的日线图。在十字光标定格的这一天,我们看到获利比例显示的数值是15.9%,表明股价进入了反弹区间。如果股价继续向上,说明走势趋于稳定,就进入了持股区间。可惜该股并没有继续向上,主力将股价二次打低,形成了小型的头肩底形态后才开始发力上攻。

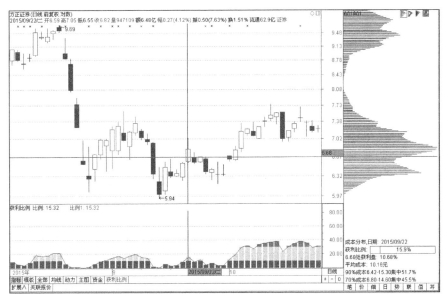

图4-14 方正证券日线图

反弹区间还有一个作用,就是一只股票如果趋势保持完好,获利比例从90%之上向下回落,如果跌到反弹区间,股价极有可能短线企稳,进而再次展开上攻走势。究其原因，这还是主力的洗盘动作。此时我们可以观察股票的后续走势，在确定企稳后，可以在设好止损位的前提下进场交易。

如图 4-15 所示，这是东方电缆（603606）2015 年 7 月至 2015 年 12 月的日线图。

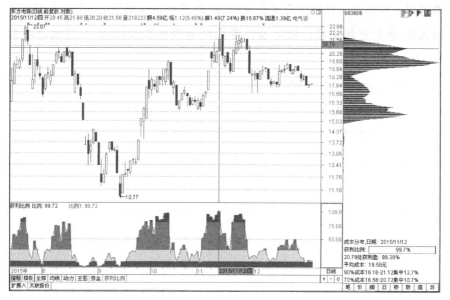

图 4-15　东方电缆日线图

我们看到在十字光标定格的这一天，获利比例显示该股所有的投资者已经全部获利，因为数值已经高达 99.7％了。投资人全部获利的情景注定是不可持续的，我们看到该股随后就收出了长阴线，出现了下跌的动作。

如图 4-16 所示，这还是东方电缆（603606）的上一幅图，只是十字光标的定格点选在了不同的时间。我们看到获利比例的数值此刻显示为 30.5％，恰好进入了获利比例的反弹区，股价在第二天就展开上攻走势，再次触及了前高。

获利比例的反弹区间带给我们更多是对股价的观察，以此来决定后市的操作。在这一区间段，不盲目、不冲动是我们克敌制胜的法宝。

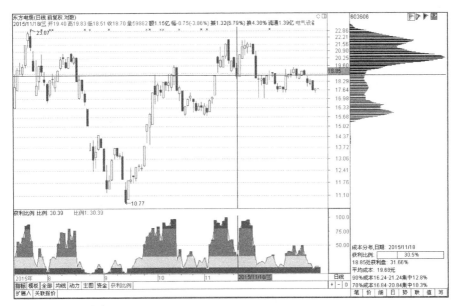

图 4-16 东方电缆反弹区间图

4.2.5 获利比例的持股区间

"截断亏损,让利润奔跑"这是华尔街的一句至理名言,说的就是安心持股带给我们的利润是最大的。

持股区间,获利比例在 30%～80%。一只股票以当天的收盘价为基准,当获利比例在 30%～80% 时,我们说这只股票就进入了它的持股区。进入持股区的股票,我们安心持股就好了,就算中途有调整下跌,我们都无须惊慌,因为这很有可能是市场短期获利盘的消化整理,或者是主力拉升途中故意的洗盘行为。我们如果此时放弃等待,过早地卖出,后市可能就要错过股票再创新高的机会了。当然了,假如您之前错过了低位介入的机会,如果股价回落到反弹区间,您也可以进场搏一次短线。

如图 4-17 所示,这是鲁泰 A(000726)2015 年 7 月至 2015 年 12 月的日线图。在十字光标定格的当天,我们看到获利比例的数值是 32.3%,意味着股价在完成底部的筑底、初次拉升和长阴一日洗盘后,开始进入了稳定的持股期。尽管股价每日波动不是很大,也很少出现令人瞩目的长阳线,但该股走势稳健,正适合稳健的投资者中线持有。

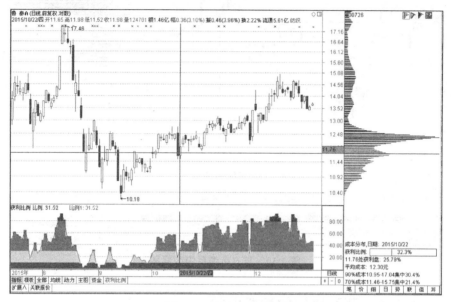

图 4-17　鲁泰 A 日线图

如图 4-18 所示,这还是鲁泰 A(000726)的走势图,只是十字光标选在了不同的时间点。我们看到该股此时的获利比例显示的数值是 93.1%,这就意味着市场上大多数投资人都处在获利的状态。按照"一盈二平七亏"的逻辑,这种情景注定是不能够持久的,高风险的市场,我们有必要做一个先知先觉者,在市场风险来临时及时地兑现利润。股价从 11.76 元进入持股区,到 14.67 元获利了结,安心、稳定的持股过程可以让我们获利达 25%,算是稳健的中线投资了。

还是利莫弗尔的那句话经典,"利润有时候是等来的"。

4.2.6　获利比例的风险区间

股价的获利比例进入风险区间,后市行情同样不好揣测。

风险区间,获利比例在 80%～100%。一只股票以当天的收盘价为基

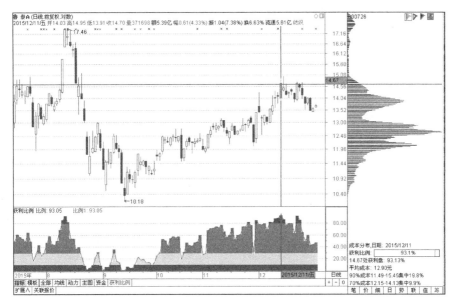

图 4-18 鲁泰 A 走势图

准,当获利比例在 80%～100% 时,我们说这只股票就进入了它的风险区。进入风险区的股票大家就不要轻易介入了,因为您已经错过了最佳参与的买入点,再追风险就太高了。当然了,这并不意味着获利比例在 80% 之上就绝对不能买,因为一些疯牛股和处在主升浪的股票正是在谁都不敢介入的情况下才爆发了大行情。

这种情况有点儿类似于 KD 指标的高位钝化。在 KD 指标的使用规则中,当指标的值达到 80 以后,普遍的观点是短线进入了超买区,股价随时有调整的可能。但是在实战中,有些股票尽管 KD 指标在高位反复钝化,但股价就是不下跌,最终走出主升段。究其原因,还在于主力机构已经控制了大量的筹码,有足够的实力维系住盘面的强势。

如图 4-19 所示,这是同仁堂(600085)2015 年 7 月至 2015 年 12 月的日线图。这是一幅经典的图例,我们看到十字光标定格的当天,股价以涨停板收盘,此时获利比例的数值是 83.5%,意味着股价进入一个风险区。单纯地看数值我们可能会觉得这个涨停板是一根冲顶的阳线,但联系该股之前并没有爆发大行情的走势,加上筹码分布图上股价当天突破相对高位单峰密集筹码峰的现实,我们都有理由对该股后续的走势看高一线。此时获利比例的数值不是提示风险,而是代表该股的强势。主力于当天低点 28.61 元起步,一鼓作气将股价推升到 44.50 元的高位,短时间就完成一波幅度达 57%的主升段行情。

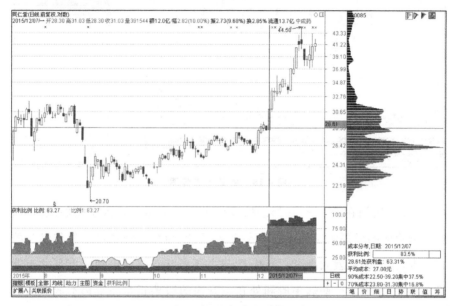

图 4-19　同仁堂日线图

市场中类似于同仁堂这样的例子很多,但股价在获利比例达到风险区后就开始见顶回落的例子也不少。

如图 4-20 所示,这是东方金钰(600086)2015 年 7 月至 2015 年 12 月的日线图。这也是一幅经典的见顶回落图,获利比例在十字光标定格的当天,数值显示已经达到了 83.6% 的风险区间。股价在进入风险区间后,没有丝毫的犹豫,立即就展开了见顶回落的走势。

这两种现象在市场中都普遍地、大量地存在,应该说这正是市场多元化的表现,其中的关键还在于投资人是否有一双慧眼,能够辨别出其中蕴含的可以获利的机会。

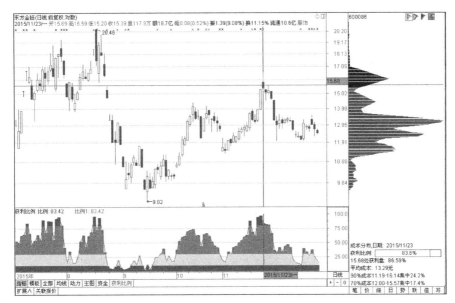

图 4-20 东方金钰日线图

为了帮助投资人掌握这种能力,我们提出两点建议供投资人参考:一是股价的前期是否有过大幅度的上涨。像同仁堂这样的,前期没有大幅上涨的股票值得重点关注。二是获利比例指标前期是否来到过风险区。如果是第一次到达风险区,筹码状态又显示良好,在有心理准备的前提下,不妨多等待几天。

4.3 平均成本看空间

成本是市场所有投资者,包括主力机构都会密切关注的焦点。高风险的投资市场,洞悉了别人的成本,无疑就是看穿了对手的底牌。市场上之所以流行什么资金流向、DDE 数据一类的东西,出发点无非也是想提前了解对手的成本究竟分布在哪里。

面对高昂的收费软件,其实通达信证券投资软件已经为大家提供了免费的参考数据,比如我们在第2章为大家介绍的成本均线指标,反映的就是市场的总体成本。在这里我们再为大家介绍另一种观察市场成本的方法,就是筹码分布图上的平均成本。

需要说明一点的是,由于计算方法的不同,目前市场上各个免费软件为投资者提供的数据也不尽相同,因此大家在应用时要在充分了解的基础上区别对待。

筹码分布图上平均成本涵盖两部分的内容,分别是直接给出的当前价格下平均成本的数值,以及在本书第1章我们提到过的成本分布区。其中成本分布区又分为90%的成本分布区和70%的成本分布区。

成本分布区的知识我们在本书第1章中的筹码集中度一节做过介绍,这里就不再重复了,本小结主要介绍成本分布数值在实战中的应用。

4.3.1 价格低于成本时的应用

平均成本是市场当中的一条分界线,在它的两端分布着盈利和亏损的筹码。假设一名投资人看好一只股票,而此时该股股价又恰好处在平均成本下方,此时该如何操作呢?

我们说这种情况发生的概率很大,市场不好时,大部分股票的股价都会出现这种情况。我们如果进入市场,此时平均成本起的是第一道阻力的作用,我们可以在股价达到或者接近平均成本时,适当抛出获利筹码。

如图4-21所示,这是亚太科技(002540)2015年7月至2015年11月的日线图。为了更加体现实战性,我们将十字光标的定格点选在了不是顶也不是底的K线上。如果大家对于前面的内容掌握得很好的话,看到这幅图立刻就会意识到,这一天是个很重要的时机。因为光标定格的K线是个双重突破的形态,既突破了K线图上股价左侧的小高点,又完成了单峰密集筹码峰的突破。假设一名投资人看好这只股票,并于突破当天买入,那么他预期的高点应该在哪里呢?

很简单,我们把突破当时平均成本的值作为股价日后高点的参考位。

我们看到平均成本此时显示的数值是10.5元,而股价突破当时的价位在8.28元,属于股价低于平均成本的模式。此时我们利用软件的画图功能,在K线图上10.50元的位置引出一条水平线段,作为股价日后的阻力位。

图 4-21　亚太科技日线图

我们看到股价后面用突兀放量的形式试探了10.50元的阻力位,随后回落的股价并没有创新低,而是在整理后又开始向上,这一次如何呢?我们看下一幅图。

如图 4-22 所示,这是亚太科技(002540)股价后续走势图。我们看到股价在整理后对10.50元的阻力位再次发起冲锋,但依然无功而返。更主要的是,股价二次冲顶的过程成交量却开始萎缩,产生了量价的背离,这个时候可以考虑落袋为安了。

平均成本也是每天都在变化的,因此在应用时选好基准点最重要。我们在应用时要抛开其他时间因素的干扰,就以您当天买入时的平均成本为准,如此才不会随着成本的变化而迷失自己。

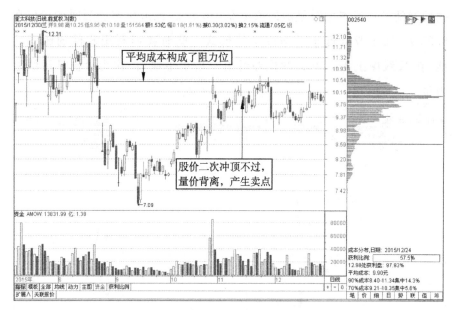

图 4-22 亚太科技股价后续走势图

4.3.2 价格高于成本时的应用

股价低于平均成本时,我们可以用平均成本作为股价日后高点的参考,那么当我们看好一只股票并买进,而此时股价又高于平均成本时,我们又该如何呢?

一般而言,在市场行情好时,大部分股票都会出现这种状况,此时我们的策略是:以我们当日进场时的平均成本数值与这个波段低点的平均成本数值做比较,选取其中数值小的作为我们计算日后高点的基准点。确定基准点后,以基准点的价格上涨25%~30%的空间作为日后的高点参考。

如图4-23所示,这是鲁泰A(000726)2015年8月至2015年12月的日线图。这次我们选取的点既不是高点,也不是低点,更不是什么突破点,就是一根非常普通的K线。我们看到十字光标定格的当天,平均成本数值显示是12.27元,我们就以这个价格与之前波段低点的价格进行比较,以此确定计算的基准点。为了节省篇幅,大家可以将书向前翻,看本章中 4-17 的图。图 4-17 选取的点恰好就是鲁泰 A 波段的低点,图上显示当时的平均成本为 12.30 元。如此一来,我们就确定 12.27 元作为计算的基准点。计算如下:

25%的空间为 12.27+12.27×25%=15.34 元;

30%的空间为 12.27+12.27×30%=15.95 元。

大家可以自行打开软件找到该股,用光标对照查看。鲁泰 A 在基准点后开始震荡上行,波段高点以上影线的方式完成,最高达到 15.05 元,接近 25%的空间,算是基本完成了任务。

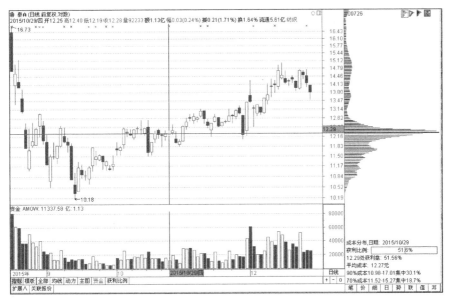

图 4-23　鲁泰 A 日线图

实战中对于上升空间的把握大家不要过于拘泥。我们给出的范围只是一个参考空间,而股价走势其实是受多种因素制约的,因此大家在运用时一定要灵活掌握。好比鲁泰 A 这只股票,上升空间其实距离参考的空间还有一点儿距离,但在讲解获利比例时我们介绍过当时的情况,那就是获利比例已经达到了 93.1%,处在风险区域,综合考虑,卖出还是合适的。

4.3.3 价格穿越成本时的应用

介绍了两种基本模式后,下面我们再介绍一种平均成本的特殊模式,即股价穿越平均成本时的应用。

这种模式是这样的,当我们看好一只股票,在股价低于平均成本时介入,并以平均成本作为未来的阻力位,准备在此价位卖掉,哪知股价达到此价位后并没有停留,而是一鼓作气突破阻力继续向上接连创出新高,此时我们又该如何呢?

这种模式看起来复杂,但解决起来其实也很简单,还是套用价格高于成本时的模式就可以了。我们举例说明。

如图 4-24 所示,这是方正证券(601901)2015 年 7 月至 2015 年 12 月的日线图。我们看到十字光标的定格点既不是顶,也不是底,更没有所谓的突破,就是一根普通的 K 线。假设我们在此时看好该股,并在当日买入,我们看到平均成本显示的数值是 8.94 元,而我们买入的价位大概在 7.22 元。这个时候我们采用的模式是第一种,即股价低于平均成本的模式。此时我们可以用 8.94 元的价位做基准点,水平引出一条阻力线,作为股价日后高点的参考,就如图中所示的那样。

我们看到股价在到达这个位置后一跃而过,丝毫没有停留,给我们的感觉就是股价处在强势当中,此时我们该怎么办呢?我们接着往下看下一幅图。

如图 4-25 所示,这还是方正证券(601901)的走势图,只是十字光标定格在我们买入波段的低点位置。我们看到在这个位置,平均成本给出的数值是 9.14 元,高于我们买入时 8.94 元的平均成本价位,所以我们选用数值小的,也就是我们买入时的平均成本作为计算未来高点的基准点。计算下来,25%的空间为 8.94+8.94×25%=11.17 元;30%的空间为 8.94+8.94×30%=11.62 元。我们将计算出的两个价位分别画出横线,就可得到股价未来高度的大致区间,就如图中所画的那样。我们看到股价在来到这个区间后便开始宽幅震荡,随后便见顶回落了。

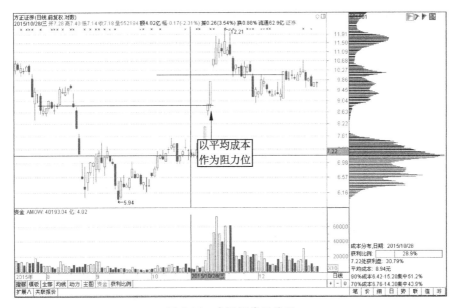

图 4-24 方正证券日线图

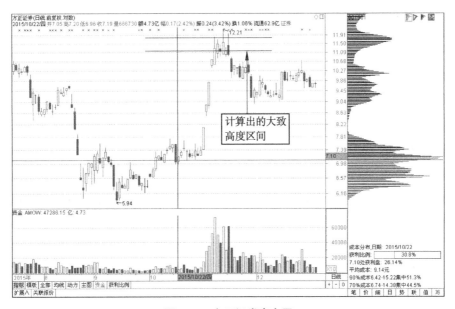

图 4-25 方正证券高点图

证券市场的魅力就在于它的不可预知性,无论我们怎么归纳总结,都不能涵盖股价所有的走势。虽然如此,如果我们能熟练掌握其中固定的模式,并在实战中不断完善,主力运作的基本套路还是可以应付的。

4.4 筹码周期

本书的第 1 章,在介绍筹码分布图基础知识的时候,我们为大家介绍过筹码周期的内容,从本小结开始,我们就向大家详解里面的奥秘。

4.4.1 筹码周期的联系

筹码分布图上关于时间周期的内容有两个,分别是火焰山和活跃度。在通达信证券投资分析软件中,系统自带的火焰山和活跃度的时间周期是一样的,分别选取了 5 天、10 天、20 天、30 天、60 天和 100 天的时间跨度。二者的区别在于,火焰山采集的数据是这些时间周期前的筹码分布,而活跃度采集的数据是当前时间周期内的筹码分布,二者并不相同。那么二者有没有什么联系呢?有的,火焰山和活跃度的关系同获利比例一样,都是互为余数的关系。

以 20 天时间周期为例,如果火焰山统计的 20 天前的筹码分布,占全部流通盘的 70%,则活跃度统计的 20 天内的筹码分布,必然占全部流通盘的 30%。原因很简单,流通筹码的数量是固定不变的。明白了这一点,大家就会了解,火焰山其实代表的是较远时间周期内的筹码,因此也叫远期成本分布;而活跃度则代表的是较近时间周期内的筹码,因此也叫近期成本分布。

大家有没有发现,火焰山和活跃度的关系要是放在一张图里,与获利比例的关系是一样的。

4.4.2　筹码周期时间参数的修改

时间在投资市场中占有很重要的地位,我们时常听到的,"某某日市场将开启重要的时间窗口",以及"该股调整了多少多少天,即将调整完毕"等话语,都反映了时间这一因素在投资中的作用。在时间领域集大成者,是美国炒家威廉·江恩,他在广泛收集资料的基础上,结合自己的投资实践,推出了"时间周期理论",让时间因素成为投资学中一个重要的组成部分。

依据持股时间的长短,我们还可以将投资群体划分为长线投资者、中线投资者及短线投资者。为了给所有投资者提供他们各自所需的信息,现在的软件将大家常用的时间周期全部涵盖进来,由此才形成了我们现在看到的图形。

软件设置的初衷是好的,但如此一来图形的杂乱定会干扰大家对正确成本信息的接收,这也是众多投资人不喜欢看火焰山和活跃度,或者说是看不明白的原因。不要紧,我们现在就帮助大家解决这个问题。

在当前市场上,波段操作渐渐成为一种主流模式。相对于短线操作的频繁、中线操作的持久,波段操作既不失稳健,又强调一定的轮换速度,因此深受投资人的喜爱。在这个过程中,20 日或者 30 日的周期既不长,也不短,逐渐成为波段操作者首选的时间周期。这里,我们以 20 日时间周期为例,为大家讲解时间周期参数的修改,其余参数以此类推,不同模式的投资者可以根据自己喜欢的操作模式加以运用。

在筹码分布图上最上端有四个图标,从左到右依次是筹码图、火焰山、活跃度和成本分布设置,时间周期参数的修改就在成本分布设置里面完成。

如图 4-26 所示,这是截取的部分筹码图,图中箭头所指的就是成本分布设置图标。

我们用鼠标点击成本设置图标,就会看到一个对话框,如图 4-27 所示。成本分布设置包含四部分,如大家看到的,分别是成本算法、历史换手衰减系数、远期成本分布和近期成本分布。

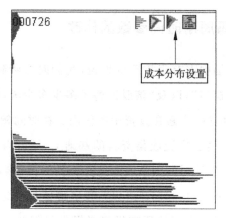

图 4-26 成本分布设置图标

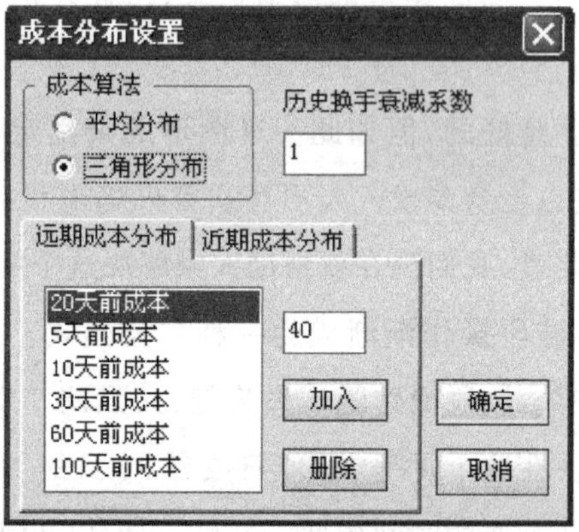

图 4-27 成本分布设置对话框

　　成本算法有两种分布形态。平均分布指的是当日换手的股票数量在当日的最高价和最低价之间做平均分配；三角形分布指的是当日换手的股票数量在当日的最高价、最低价和平均价之间做三角形的分配。

　　常规的软件都将三角形分布作为系统默认的分布形态，这样做的原因只是三角形的分布更加有利于形成视觉上容易接受的筹码峰形态，所以我们这里同样也选择三角形分布，不做更改。历史换手衰减系数会在以后的章节中谈到，这里不再过多地叙述，我们将重点放在远期和近期成本的时间周期选择上。

以图中显示的远期成本为例,我们看到系统提供了六种时间周期,旁边还有一个显示数字为 40 的对话框,代表可以在里面输入自己喜欢的时间周期。我们在这里仅保留 20 天的时间周期,因此单击"删除"按钮,将其他的时间周期删掉,做法是用鼠标点击您想删除的时间周期,然后单击"删除"按钮,直到最后只保留 20 天成本分布这一个时间周期即可。近期成本分布的操作与此相同。

成本分布时间周期选择完成后,回到火焰山和活跃度的筹码分布图,就会看到我们习惯选用的时间周期成本分布图。

如图 4-28 所示,这是华帝股份(002035)的一幅日线图。我们将十字光标定格在 2015 年 9 月 30 日这一天,看一下修改完成后的火焰山图。如图所示,此时筹码分布图上只显示 20 天前的筹码分布状态以及其他筹码的分布状态,其中土黄色的部分就是光标定格点 20 天前的筹码分布。这里需要提醒大家一点,此时其他筹码系统默认已经全部用蓝色表示了,不再像筹码图上区分为蓝色亏损筹码和粉红色获利筹码了。在活跃度的筹码分布中同样如此,大家要学会区分。

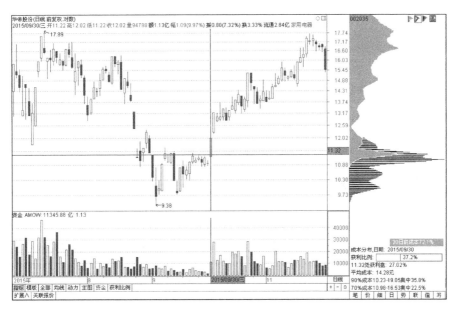

图 4-28 华帝股份火焰山图

如图 4-29 所示,这还是华帝股份(002035)的日线图。我们同样将十字光标定格在 2015 年 9 月 30 日这一天,看一下修改完成后的活跃度图。筹码分布图上用深蓝色表示的就是 20 日内的筹码分布情况。大家将两幅图对照着看,就会理解得更加快。

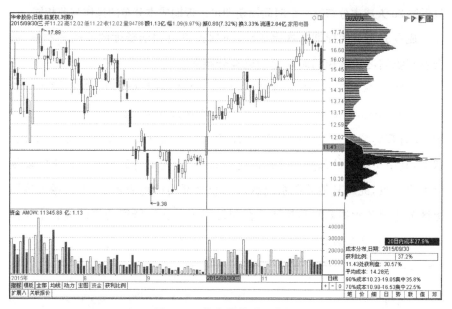

图 4-29 华帝股份活跃度图

修改时间参数后的筹码分布图对我们有什么帮助呢?简单说,它可以在第一时间让我们了解我们习惯操作的周期内筹码分布的情况,便于我们拟订操作计划。

4.4.3 双重成本的应用

既然我们将火焰山和活跃度的时间参数都修改到了我们习惯的模式,也知道了二者和获利比例一样是互为余数的关系,那么实战中可以将二者的成本结合起来观察,作为我们进场时的重要支撑位和阻力位的参考。

如图 4-30 所示,这是华邦健康(002004)2015 年 5 月至 2015 年 1 月的日线图。十字光标定格的日期是2015年10月12日,我们看这一天的火焰山图,20日前的筹码形成了几个峰值,分布在14.54元、13.46元以及当日的价格10.12元处。我们利用软件里面的画图工具,从筹码峰值所在的价位引出两条水平线,就构成了股价日后上行的阻力位。

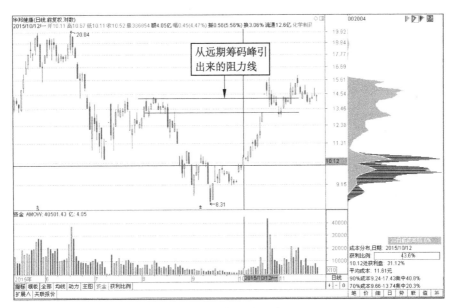

图4-30 华邦健康日线图

同样的一幅图,同样的定格点,我们再看看活跃度的筹码分布情况。

如图4-31所示,这就是华邦健康(002004)2015年10月12日的活跃度图。从图中可以看到,20日内的近期成本分布已经构成了上行多峰态势,说明近期的筹码处在良好的上涨持续行情中,未来的阻力更多地体现在远期成本上。有了这样的思路,对今后的行情我们就有了初步的判断。

我们看到股价在接近13.46元的阻力时并没有停顿,反而是采用涨停板的方式一跃而过。待股价到了14.54元的附近时,阻力开始显现,股价开始上下的震荡,并有形成小双顶的迹象。

双重成本的应用绝不仅仅限于这一种模式,这里只是为大家打开另一个思路,关于双重成本的应用我们在后面的章节还会详细地为大家说明。

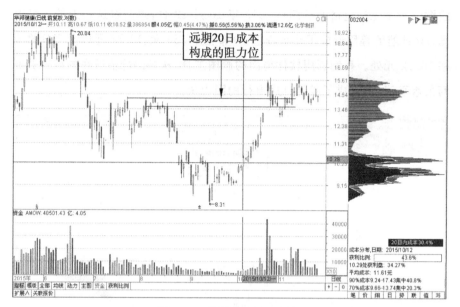

图 4-31　华邦健康活跃度图

4.5　历史换手衰减系数

换手的概念,我们在第3章的内容里面谈过,这里主要为大家介绍成本分布设置里面的历史换手衰减系数。

历史换手衰减系数,表示的是历史换手的递减速度,将多少倍数的当日换手率从昨日的成本分布中移走,进而得到当日的成本分布图。

4.5.1　历史换手衰减系数的计算

移动筹码分布的计算方法各家软件都不尽相同,通达信软件系统大致是这样计算的:

每日成本＝当日成本×(换手率×历史换手衰减系数)＋上一日成本分布图×(1－换手率×历史换手衰减系数)

这种计算方法可以解释有时候成交量明显放大时当天筹码并无明显转移,到第二天成交量缩小时筹码才发生明显转移的原因。

每日成本的计算方法是一个移动平均过程,通达信软件系统是将历史换手衰减系数作为一个常数参数看待,将其设定为1,即将当天的换手率默认为每天的历史换手衰减。我们可以这样理解:如果今天的换手率是A,衰减系数是N,就代表昨天的筹码在今天被移动的数量是A×N,如果N取值为1,就是一般意义上理解的今天换手多少,就有多少筹码被从昨天的成本分布中被搬移。

4.5.2 历史换手衰减系数的更改

实战中我们也可以将历史换手衰减系数看作一个变量,但这需要我们在理解个股成交规律的基础上自行设置。一般而言,对于流通盘较大的股票,以及一些成交不活跃的冷门股,我们可以参考黄金比率 0.382~0.618 去设置历史换手衰减;对于成交活跃的热门股,还有一些股性活跃的小盘股,我们可以将历史换手衰减系数设置在 0.618~1.618。相对于系统默认的参数"1",历史换手衰减系数更换后,筹码分布图上还是有一些明显的变化。

如图 4-32 所示,这是新世界(600628)的一段走势图。我们用十字光标随意定格了某一天,选取参数 1,即系统默认的历史换手衰减系数做了截图。从图中可以看到,在筹码分布图上,20 日远期成本已经形成了一个小的筹码峰形态。

如图 4-33 所示,还是新世界(600628)的这段走势图,十字光标定格的时间点也没有变,我们只是将历史换手衰减系数的参数由系统默认的"1"调整为"1.5",即放大了 0.5 倍。随着历史换手衰减系数的增大,意味着 20 日前被移动的筹码数量也随之增多。我们看筹码分布图上,20 日远期成本相比上一幅图,筹码峰的形态缩小了很多,严格地说,已经不能称为筹码峰了。既然没有形成筹码峰,其内在的意义和作用都会随之减弱,实战中就不能据此做出交易的决定了。

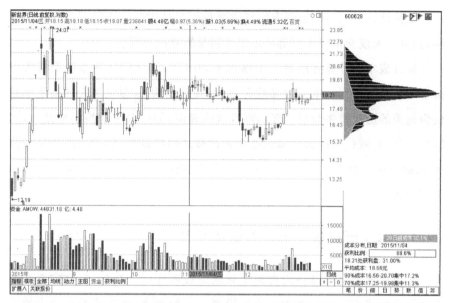

图 4-32 新世界系统默认参数图

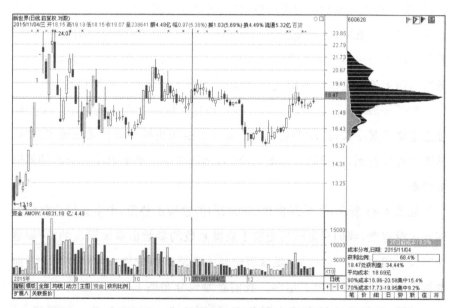

图 4-33 新世界历史换手参数修改图

火焰山如此,活跃度也是如此,因为二者具有相关性。从这两幅图我们就能直观地看到,修改历史换手衰减系数,将直接影响筹码在价位上的分布,不管是远期的时间周期还是近期的时间周期。

其实还有一种方法值得探讨,那就是将原有的方法倒转过来。考虑到大盘股股性本就不活跃,换手不高,我们不妨将这类股的历史换手衰减系数增大;对于股性活跃、换手较高的小盘股,考虑到增大历史换手衰减系数后远期筹码流失得更多,不妨将它们的历史换手衰减系数减小,这样更能保证筹码的完整性。鉴于这个课题笔者没有做过深入的研究,这里只是提出这样一种设想,欢迎感兴趣的读者可以自行研究。

在中国的证券市场上,其实每一只股票里面都有主力资金在活跃,他们可以通过自营盘对倒等很多方式影响当天的换手率,进而影响历史换手衰减系数。从"既来之,则安之"的角度说,我们没有必要非钻历史换手衰减系数这个牛角尖,就用系统默认的参数"1"好了。当然,如果有投资者愿意深入挖掘个股的规律,也可以自行尝试修改其他参数,或许您会得到另一片天空也说不定。

最后补充一点,历史换手衰减系数的参数是从 0.1~10 选取的,在这个范围之内,您可以自由地设定。

4.6 打造波段利器

"工欲善其事,必先利其器",形成一套有效的、应对市场波动的方法,是每一名投资人梦寐以求的事情。为了这个目标,有的人精研指标,有的人盯紧 K 线,有的人打探消息,有的人追逐热点,可谓无所不用其极。究其原因,还是大家面对高风险的证券市场,很难找到一条适合自己的路。本章的最后一节,我们将前面介绍的内容进行整合,为您打造出一个波段操作的利器,助您在股海遨游。

4.6.1 资源整合

我们首先从调整成本分布时间周期开始,向大家介绍这种波段操作的方法。

市场当中比较重要的时间周期有很多,但在波段操作中,有两个时间周期更受大家的重视,那就是 20 日时间周期和 30 日时间周期。

在当前的交易规则中,采取一周 5 天交易的模式,这样在一个月当中,交易时间大概为 22 天,取整计算,20 日时间周期就代表一个月的时间。30 日时间周期来源于人们的日常习惯,从自然日的角度计算,30 日时间周期也代表一个月的时间,因此这两个时间周期都受到波段操作者的重视。

20 日和 30 日时间周期没有好坏之分,完全是使用习惯的不同,本文以 20 日时间周期为基准,对成本分布时间参数进行设置。

具体的参数调整在之前的内容中已经有过详细的论述,大家翻看前面的内容即可,这里不再重复。

时间周期确定后,我们将其余的要素一一进行整合,其顺序如下。

(1)将 20 日时间周期确定为成本分布周期。

(2)以缩图方式观察标的股的趋势形态,以及时间周期内火焰山、活跃度筹码分布情况。

(3)观察获利比例,了解标的股处在哪个区间。

(4)查看平均成本,与标的股当前价格进行比较。

(5)历史换手衰减系数我们采用系统默认的参数,这里不做调整。

通过上述五步的观察与比较,我们基本可以确定一只标的股是否可以参与了。如果可以参与,我们会选择哪种最恰当的模式。

需要说明的是,在这种波段操作方法中,我们忽略了对获利盘的观察,其原因我们前面提过,那就是当鼠标指向当天收盘价时,获利比例和获利盘的数值是相同的。

4.6.2 实例讲解

为了让大家完全了解这种波段操作的方法,我们通过连续图解的方式为大家进行详细的讲解,力求在细节上让大家完全地看清楚。

创力集团于 2015 年 3 月 20 日上市,是国内领先的以煤炭综合采掘机械设备为主的高端煤机装备供应商。主营业务为煤炭综合采掘机械设备、煤矿自动化控制系统和矿用电气设备的设计、研发、制造、销售以及技术服务,并为客户提供煤矿综采、综掘服务,属专用设备制造板块,是一只次新股。

我们按照归纳出的波段操作的方法,逐项分析,首先看该股的缩图以及火焰山的筹码分布图。

如图 4-34 所示,这是创力集团(603012)从上市日至 2015 年 10 月的缩图。缩图的作用我们说过,就是用来判定股价所处的趋势状态,以及观察筹码分布图上筹码分布的具体空间位置及筹码分布的状态。

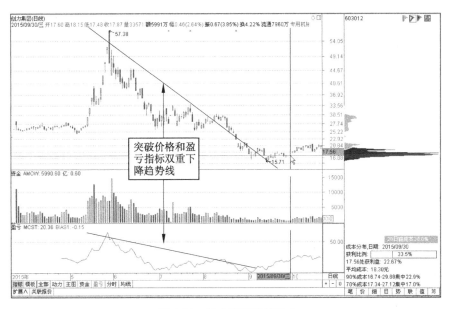

图 4-34 创力集团连续图 1

如何判定趋势,我们在第 2 章中为大家介绍过一种符合道氏理论的简便的方法,不知道大家是否还记得,那就是 123 法则和 2B 法则。从缩图中可以看到,股价自上市后连续涨停收盘,打开涨停后采取了横盘整理的方式,随后再次推高股价。之后股价从历史高点回落,接连创出了新低,终点回到了起点,完成了一轮循环。

为了判定趋势,我们利用股价和盈亏指标下跌时留下的高点在图上分别画了两条下降趋势线(盈亏指标的使用请参阅第2章成本均线)。在十字光标定格的位置,也就是2015年9月30日,我们看到无论是股价还是指标都突破了各自的下降趋势线,其中价格在回调不破原先低点的基础上,还同时完成了一个2B形态的突破,这一切迹象都表明该股已经完成了底部的构造,扭转了下降趋势,即将迎来转机,这也是我们选择它的原因。

观察了缩图,辨清了趋势,下面我们按照程序观察该股火焰山和活跃度双重成本的分布情况。在筹码分布图上,我们看到该股流通筹码已经形成了一个低位单峰密集的形态,这是一个非常好的信号,它表明该股未来有良好的上涨基础。我们再看火焰山上20日时间周期的远期成本,它形成了双峰形态,表明在当前的位置,股价下面有支撑,上方有一定的套牢盘对股价构成压制。

看过了总体的结构,为了让大家看得更清楚一点儿,我们将图予以适当的放大后再观察。

如图4-35所示,这是创力集团(603012)局部放大后的火焰山图,其中十字光标定格的时间点并没有改变。由于已经看过了缩图,所以局部放大的图形并不会改变筹码分布的格局,这一点请大家放心。

在这幅图上,我们用文字和箭头为大家标注了几个关键的点。上面的是依据火焰山上远期成本分布构成的筹码峰引出的水平阻力线;下面的是第一幅图上看不清楚的2B法则中股价的反向突破点。

这些对我们而言都是非常有用的信息。如果看缩图能让我们从全局的角度认识该股当前趋势的话,那么从细节上看图就能让我们确定什么时候才是最佳的交易时机。

我们通过下一幅图再看看该股带给了我们其他方面哪些有用的信息。

如图4-36所示,这是创力集团(603012)局部放大后的活跃度图。

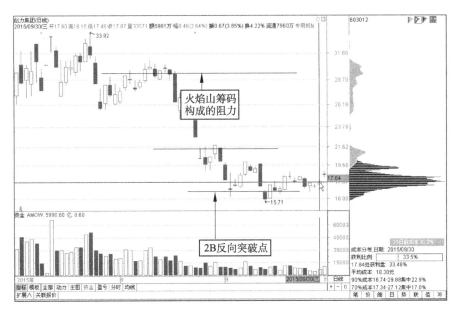

图 4-35 创力集团连续图 2

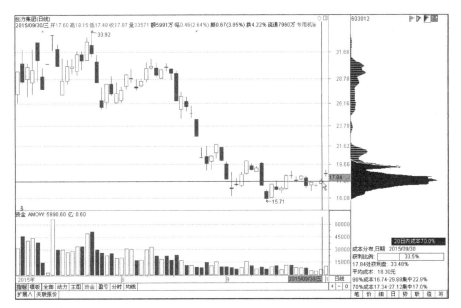

图 4-36 创力集团连续图 3

从这幅图上我们获取的信息很多，按照顺序我们首先看 20 日时间周期内活跃度，也就是近期成本筹码图。我们看到近期成本在筹码分布图上形成了一个低位单峰密集形态，最主要的是，信息解读框系统告诉我们，20日时间周期内的成本已经占到全部流通筹码的70%。这有什么意义呢？它意味着远期成本仅占全部流筹码的30%，数量已经很少了。筹码堆积的数量少，也就意味着阻力不如我们想象的那样大。

我们再读取其他的信息，获利比例的数值是33.5%，告诉我们该股进入了持股区间；平均成本的数值是18.30元，告诉我们这有可能是第一种模式，也就是股价在平均成本下方的模式；或者是第三种模式，也就是股价在平均成本下方，但有可能穿越平均成本的模式或许更适合我们。具体到哪一种，我们应该随着市场的波动状况做随时的调整，而不是僵化地固守一种模式。

将全部信息汇总，我们可以得到以下结论。

（1）该股趋势已经扭转，未来股价震荡上涨的概率偏大。

（2）如果股价上行，上方有一定的阻力，但这种阻力不应过分地夸大，因为大量的筹码已经在下方聚集。可以用水平直线的形式将阻力标注出来，便于随时观察。

（3）我们想要介入的价格当前在平均成本的下方，未来可能会穿越平均成本，需要提前计算出未来潜在的高点，做到有备无患。

（4）当前股价处在持股区，一旦买入，谨慎持股是应有的选择。

明确了上述四点，此次买进行动也就有了明确的计划，我们现在要做的就是计算出来一旦股价穿越平均成本，未来潜在的高点区域会在哪里。

还记得计算的公式吗？

第一步，以想买入价格当天的平均成本与买入前波段行情低点现实的平均成本做比较。这一点我们用鼠标可以简单地完成。当天平均成本是18.30元，启动前波段低点平均成本是18.48元，我们选择数值小的，也就是18.30元作为计算的基准。

第二步，以基准点向上拓展25%～30%作为未来潜在的高点区域。

$18.30+18.30\times 25\%=22.88$ 元；

$18.30+18.30\times 30\%=23.79$ 元。

第三步,将计算好的潜在高点在图上画出来。股价达到这个区间后要密切观察,做好落袋为安的准备。

一切都准备就绪,执行计划吧!

如图 4-37 所示,这是创力集团(603012)股价后续走势图。

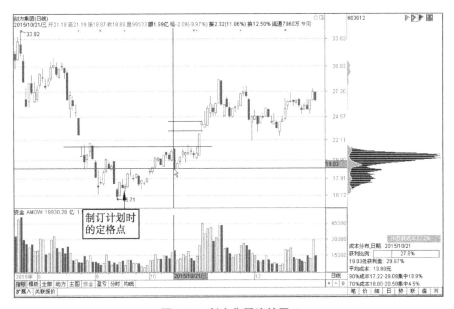

图 4-37 创力集团连续图 4

这幅图包含了很多技术上的细节,所以我们要重点讲一下。

第一,图中有四条水平线段,两长两短。两条长的是最初十字光标定格点时,我们依据火焰山提供的筹码分布做出的两条阻力线;两条短的则是最初十字光标定格点时,我们进场前依据平均成本计算出的股价潜在的高点区域。

第二,图中用文字和箭头将原先的定格点做了标注。实战中我们制订好交易计划后开始在原先的定格点买入,股价也如我们预想般在持股区间平稳上涨,但在接近第一个阻力时,我们看到股价开始滞重,并在新的十字光标定格点,即 2015 年 10 月 21 日,用一根长阴线开始洗盘。

第三,我们看到获利比例显示的数值是 27.8%,来到了反弹区,随后就地企稳的股价告诉我们,反弹区的支撑还是有效的。此外,火焰山的筹码图告诉我们,远期的成本形成了上涨多峰,暗示在这个价位,20日前底部买入的筹码在获利后并没有抛售,股价未来还有上涨的可能。

第四,股价在短线洗盘后恢复了上涨,并用一个涨停板宣告了强势。需要注意的是,在我们计算好的潜在的高点区域,股价只是略有震荡,随后就放量突破了该区域,让我们提前制订的计划落了空。

变化比计划快,这是市场当中常有的事,此时我们又该如何呢?接着往下看。

如图 4-38 所示,这还是创力集团的上一幅图,只是有两个变化。一是火焰山换作了活跃度;二是我们重新计算了股价的潜在高点,并在图上做了标注。

股价在突破我们第一次计算的高点后,我们应该如何应对,这是分析的重点。这里我们提出:如果主力突破第一次计算后的高点,则表明主力实力很强,那么未来的高点应以首次计算的平均成本作为基准点,向上再翻一倍的空间,即平均成本+平均成本×50%或者平均成本×60%。按照这个公式,我们重新计算潜在的高点空间。

$18.30+18.30\times 50\%=27.45$ 元;

$18.30+18.30\times 60\%=29.28$ 元。

我们依据这两个价位在图中用短横线予以标注,同时将最初画出的火焰山的阻力线一并画出,不过是用长横线标注。

如图 4-38 所示,这是创力集团(603012)最新标注后的图。在这幅图里面也有几个细节要提醒大家注意。一是在十字光标定格的地方,活跃度显示,20日周期内的筹码已经达到了 77.8%,意味着这个地方筹码有更多的堆积,相反则意味着远期成本在此处有减少的趋势,有人在洗盘中出局了,这也是股价在短线整理后可以继续向上的原因;二是股价在突破第一次计算的高点后来到了我们重新计算的第二个高点区域,而这个高点区域与最初依据火焰山筹码分布情况画出的阻力位相隔不远,二者共同构成了双重阻力位。在这个区域我们看到股价受到了压制，主力采取了欲擒故纵的手法，第一天先以涨停板收盘，吸引买盘进场，第二天即反手做空，用几乎跌停板的手法快速出货。

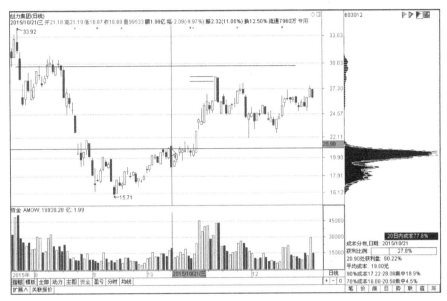

图 4-38　创力集团连续图 5

最后，我们再看看该股到达高点后有什么信息提示我们。

如图 4-39 所示，这是创力集团（603012）最后的高点图。在十字光标定格的这一天，股价来到了前一幅图说明中提到的双重阻力区间。我们看到此时获利比例上面的数值是 99.6%，意味着不可持续的大部分投资人都获利的情况出现了，这是第一个警示信号。第二个警示信号是成交量开始密集地放大，这意味着换手的增大，筹码开始松散。第三个警示信号是筹码分布图上火焰山成本分布告诉我们，远期的筹码在高位已经消失得无影无踪，只在低位有筹码存在，但只占全部流通筹码的 6.5%，说明绝大部分筹码已经在高位了。要知道我们从 2015 年 9 月 30 日买进到现在高点的 11 月 12 日，足足有 26 个交易日了，已经超过了我们设定的 20 日时间周期，对于波段操作来讲，时间已经足够了。第四个信号谈不上警示，但可以给我们提醒，那就是从第一张图我们买进的价位17.84元到高点的28.63元,波段涨幅已经达到了60%,还有什么奢求的吗?

最好的选择就是落袋为安了。

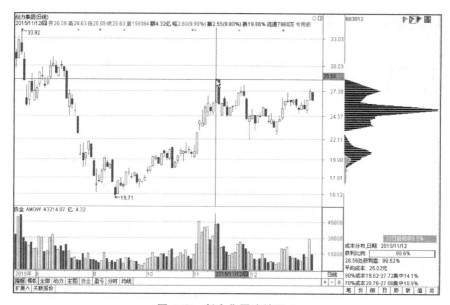

图4-39　创力集团连续图6

从高位退出,应该说我们的波段操作非常的成功。但为了精益求精,还是有一点细节要告诉大家,那就是在技术分析中,一旦一个阻力被成功突破,那么这个阻力在日后的行情中会转为支撑。现在看我们第一次计算的潜在高点区域就是这样一种情况,它构成了股价日后回落后的支撑,并且是两次经受住了考验。既然主力验证了支撑的有效性,假以时日,行情在充分整理后相信还会再次带给大家惊喜。

利用筹码分布信息打造出的绝密武器——波段利器已经告诉给大家了,不知道大家能理解多少。一般来说,散户投资人在看盘时都愿意看诸如委买、委卖、分笔成交等即时数据,对筹码分布图看得较少,希望大家在阅读本章后能对筹码分布图有更多的关注,毕竟在这里面也有着不为人知的宝藏。

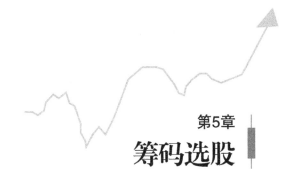

第5章
筹码选股

抓住牛股,骑上黑马,是每个投资人都想做的事,但细细想来,做好这样的事在我们这样一个制度不健全的市场也确实很有难度。A股市场,深沪两市目前可以交易的股票数量已经达到2800余家,未来随着注册制的推出,股市IPO的门槛将大大降低,股票数量将更为庞大。面对"乱花渐欲迷人眼"的局面,普通投资人又该如何慧眼识珠,在纷繁复杂的局面中挑选出那一颗未被人识的珍珠,骑上那一匹即将奔驰的骏马呢?在前面已经掌握诸多操作技巧的前提下,这一章我们就补齐短板,将自己训练成为伯乐,寻找被市场冷落在一边的机会吧!

5.1 指　　数

提到指数,投资人都不会陌生,因为我们每天谈论的就是指数的涨跌。但如果说选股与指数有关,相信很多人都会觉得陌生。其实学会观察指数,是我们在市场当中选出好股票、做好股票的第一步。

5.1.1 指数介绍

"赚了指数不赚钱"是投资人经常挂在嘴边的一句话。为什么会出现这种状况呢？就是投资人对不同指数间的轮动节奏没有把握住，造成自己的持股总是与市场的热点脱节，长久以来，别说跑赢指数，能做到收益不亏就是很不错的结果了。经常有人说，中国的股市是政策市，股市的涨跌主要依靠政策的驱动，不能充分反映中国宏观经济的发展，市场的交易就是靠炒题材、炒概念维持的。这样的话语听起来有些道理，但请您想一想，为什么每一次题材和概念的炒作都会造成市场的热点呢？一言以蔽之，就是这些题材和概念的炒作符合当前市场的需要。既然市场需要，投资人包括各路机构都热衷于此，大量的资金都朝这个方向流入，您为什么又视而不见呢？没有能够持有这样的股票，只能说您在选股的能力上还有所欠缺，而不能无端指责市场是无效的波动。

当前的A股市场，包括大盘指数、行业指数以及基金指数在内的各类指数已经很多了，但被投资人普遍认可的还是我们常说的四大指数，即上证指数、深圳成指、中小板指数和创业板指数。

上证指数：中国证券市场的标杆指数，全称是上海证券交易所股票价格综合指数，是由上海证券交易所编制的股票指数，于1990年12月19日正式开始发布。该指数是与中国股市共同成长的，其中的成分股以金融、地产、制造、有色、煤炭、电力等传统行业的股票居多，因此普遍认为上证指数代表了我国传统经济的总体状况。

深圳成指：深证成分股指数，是深圳证券交易所编制的一种成分股指数，以1994年7月20日为基日，从深圳证券交易所挂牌上市的所有股票中抽取具有市场代表性的上市公司股票作为指数样本，并以流通股为权数计算得出的加权股价指数，综合反映深圳证券交易所上市公司的股价走势。深圳成指最初的成分股共有40家，其后随着市场的扩容以及新经济产业的蓬勃发展，深圳成指也开始调整样本股的方向，以适应市场的需求。目前的深成指成分股已经扩容到500家,较全面地涵盖了在深圳市场上挂牌交易股票的真实情况。

中小板指数:中小板是相对于主板市场而言的,其最初的设计构想是为了解决我国优秀的中小企业融资难而设立的一个股票交易场所。当时允许在中小板上市的企业,其条件是流通市值一般在1亿以下且业绩连续3年盈利。最初上市的企业只有八家,其后不断扩容,现在股票数量已经接近800家。目前中小板指数已经成为我国优秀的中小企业,特别是优秀民营企业的代表。

创业板指数:也称为加权平均指数,它是以起始日为一个基准点,按照创业板中所有股票的流通市值,一个一个计算当天的股价,再加权平均,并与开板之日的基准点比较。创业板指数于2010年6月1日由深圳证券交易所正式编制和发布,其代表了初创企业,特别是新兴战略行业股票的发展轨迹。

我们通常所讲都是深沪两市,其实深圳市场是由深圳成指、中小板指数和创业板指数共同构成的。虽然如此,深圳的三个指数代表了资本市场上不同的投资体系,因此彼此间还是相互独立的,所以我们这里一并提出来,目的只有一个,就是要从这四个指数中选取一个表现最优异的,作为选股的第一个环节。

5.1.2 指数叠加

有比较,才会知道强弱;有比较,才能知道优劣。既然四大指数分别代表市场当中不同的经济特点,而资本市场又是胜者为王的天下,选股的时候,我们当然要在四个指数里面汰弱留强,紧跟市场上最受资本关注的方向。

如何做到这一点,选出一定时期内最强的指数呢?答案只有一个,就是在同一个时间点内,让四个指数相互进行比较,如此一来则强弱自明。

通达信版本的证券投资分析软件为我们提供了强大的叠加功能,我们只需要把四个指数放在同一个画面当中,并选定一个比较的基准日。谁强谁弱就一目了然了。

不同品种间的相互叠加对于老股民来说不是什么问题,但为了照顾新股民,以及对软件不太熟悉的读者,我们在这里还是把叠加的步骤简单地说明一下。

(1)调出上证指数的画面,并用收盘线图替换我们常用的K线图。如果你不知道怎么替换,可以单击鼠标右键,找"主图设置"子菜单,在里面选择收盘价线就可以了。

(2)单击鼠标右键,选"叠加品种",在子菜单中选"叠加指定品种",进而在"叠加指定品种"中选择"深圳成指"。

(3)重复第(2)点两次,依次将中小板指数和创业板指数叠加进来。

上述三个步骤完成后,我们就得到了四个指数的叠加图。

如图5-1所示,这就是四个指数的叠加图,请看图最右边部分,从上到下依次是上证指数,深圳成指,中小板指数,创业板指数。当我们把这四个指数放在一个画面当中时,指数间的强弱就会尽收眼底。

这里需要说明一下,在这幅图里我们使用了缩图功能。这里有一个问题,就是在缩图的时候我们需要缩到多少比例才比较合适呢?如果简单地将图形压缩,由于K线数量太少,我们很难看清目标股趋势的演变;若图表压缩得太多,则细节又看不清楚。我们在第4章里为大家讲解缩图的相关内容时曾经向大家介绍过,就是当我们将图放到最大的时候,图上K线的数量是5根,随后依次是10根、20根、40根、60根、100根、150根、200根和280根,再往下就是无限压缩图了。根据这个系统设置条件,再考虑指数在一年当中总会有轮番表现的机会,在这里向大家提一个建议,缩图后图只要能反映出一年左右的时间段就可以了。具体操作上,大家可以先将图表放到最大,然后在键盘上按向下的箭头,连续按七下就可以了,此时图上的K线数量是200根,足可反映股价一年的趋势走向了。

当然,如果您想看得更多,您也完全可以进一步压缩图,让图尽可能地反映更多时间段的趋势走势,这样对您在大趋势上的把握是有帮助的。

需要说明的是,在进行叠加操作时,系统会提醒您:"是否换成百分比坐标?"您只需选择"是"就可以了。

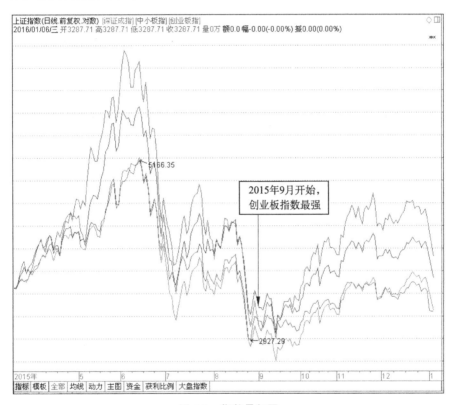

图 5-1　指数叠加图

具体到这幅图,我们看到四个指数在经历大幅下跌后于 2015 年的 9 月开始逐渐企稳。正是在这个时间段,创业板指数在四个指数中脱颖而出,走得最强,这就预示着,从 2015 年 9 月开始的这波行情,市场上的资金将主攻方向定在了创业板上面,当然,创业板里面的股票表现得机会将更多一点,其中的龙头企业走势会最好。

有一点需要注意。我们通过观察图可以发现,指数在下跌的过程中,创业板指数在四个指数中间其实表现得最为抗跌。这是什么原因呢?很简单,就是创业板里面的股票有资金的关照。正因为这些资金是且战且退,而不是盲目地出逃,所以一旦市场企稳,创业板指数才会在见底后率先启动。华尔街有句名言"退潮后才知道谁在裸泳",说的就是这个道理。

指数下跌,特别是大幅下跌,其实是选股最好的时候。

我们再来看一幅图。

如图 5-2 所示,这是四大指数近两年半的压缩图。通过这幅图,我们可以更加清楚地看到,创业板指数从 2013 年 12 月开始,就已经步入了牛市当中,踏上了上涨的征程,并且这种上涨一直持续了两年。在这中间,只有 2014 年年底到 2015 年 2 月的时间段,市场有过短暂的二八风格转换,其余的时间都是创业板指数在独领风骚。有人说这两年的市场是结构性的牛市,选股很难。我们讲,之所以选股难,是因为您没有发现市场给您的信息,

图 5-2　四大指数压缩图

在资本全部涌向创业板,积极寻找中国未来产业转型的方向时,您却在诸如煤炭、钢铁等传统的、产能过剩的行业里面打转儿,自然很难发现较好的投资机会,寻找到心仪的牛股。因为您的方向首先就搞错了,无论您如何地努力,也不过是南辕北辙,镜花水月,徒劳无功。

所以我们讲,看懂指数才是选股的第一步。只有第一步正确了,我们才能由大到小、由远及近地拨开迷雾继续向前。

那么指数选择好后下一个环节又是什么呢?很简单,是板块。

5.2 板　　块

看盘之余,用一些时间对当天的盘面进行复盘,将热点进行归纳,是一个投资人提高看盘能力的有效途径。不过面对2800余家上市公司,就算一个投资人每半分钟浏览一只股票,日积月累下来,繁重、浩大的工作量最终也会拖垮一个人的身体。因此,盲目地做这些工作非但不能帮到我们,还会因此害了我们,只有让工作化繁为简,才能起到事半功倍的效果。

5.2.1　行业板块

随着科技的发展,计算机如今已经在千家万户普及,每一个投资人都可以轻松地坐在电脑前,享受着证券投资分析软件带给我们的便利。证券软件除了让我们的交易更加便捷,在其他的方面,诸如强大的分类、统计、运算功能也会为我们提供很多的帮助。

程序设计人员在软件设计的最初,就为证券软件添加了一项很重要的功能,就是按照内部存在的某种契合度或者关联度,把市场上所有正在流通的股票进行了归纳与分类,这样我们就可以通过某种途径,快速地找到并查看我们想要了解的股票。

市场上绝大多数证券投资分析软件都具有统计分类功能。为了满足不同投资群体的需要,我们使用的免费软件一般都会有四个方面的分类,即常规分类、通达信行业分类、证监会行业分类以及申万行业分类。

下面我们就以常规分类为例,为大家说一下其中的功能。

将所有股票按行业分类就是其中的一项。

打开证券投资分析软件,在软件的最下端,一般都会有一个"板块指数"的子菜单。大家只需用鼠标单击一下板块指数,就能进入这里面。板块指数包含五个方面,它们是:① 行业板块;② 概念板块;③ 风格板块;④ 地区板块;⑤ 统计指数。

我们用鼠标单击行业板块,系统就自动进入这里面。

如图 5-3 所示,这就是板块指数里面的行业板块图。在软件的常规分类中,按股票所处的行业,将全部股票总计细分为 56 个行业,具体的行业名称大家可以自己进入里面查看。

我们可以看到,行业板块图共分为两部分,左侧是行业板块的名称,右侧是选定行业板块后,该板块内全部股票的罗列,这样可以方便大家快速浏览选定行业内的股票。行业板块名称的后面有几个排序栏,大家可以根据自己的喜好对行业板块进行快速的排序。排序有正反之分,如图所示,在涨幅子菜单后面有个红色的向下的箭头,这代表正排序,既按照涨幅的大小由上往下排;反之,则是按照跌幅的大小反向排序,即由下往上排。

在一般情况下,我们经常使用的是涨幅与量比的排序。对行业板块进行涨幅排序,可以让我们快速地知道,当前的市场究竟是哪一个板块在上涨,哪一个板块在下跌。如图所示,我们就是对涨幅进行了排序,发现截图当日是"酒店餐饮"板块涨幅居前。如果我们再对照右侧的具体股票,就会知道在"酒店餐饮"板块中首旅酒店这只股票涨得最好。

对量比进行排序,系统会根据全部行业板块当时量比数值的大小对板块自动进行您需要的排列。通过量比排序,我们可以知道当前市场上哪一个板块在放量,或者哪一个在缩量。如果再结合涨幅排序,我们就能观察到当天放量上涨的热门板块是哪一个行业,或者当天有哪些板块在做空下跌。

全部板块 | 行业板块 | 概念板块 | 风格板块 | 地区板块 | 统计指数　　设置

	代码	名称	涨幅%↓	现价	涨跌	涨速%	量比
1	880423	酒店餐饮	0.72	1844.55	13.10	0.05	0.99
2	880453	公共交通	0.54	2072.94	11.05	-0.09	1.02
3	880380	酿酒	-0.08	1197.57	-0.96	-0.01	0.93
4	880473	保险	-0.15	1385.90	-2.09	0.00	0.86
5	880471	银行	-0.49	1483.44	-7.36	-0.09	1.00
6	880318	钢铁	-0.60	863.52	-5.24	0.02	1.09
7	880414	商贸代理	-0.65	1523.88	-10.00	0.09	1.17
8	880454	水务	-0.66	1528.04	-10.17	0.08	0.73
9	880310	石油	-0.73	852.00	-6.24	0.00	0.78
10	880476	建筑	-0.76	1556.60	-11.85	-0.05	0.83
11	880305	电力	-0.76	1630.71	-12.45	-0.03	0.87
12	880400	医药	-0.77	1973.64	-15.29	0.00	0.98
13	880465	交通设施	-0.86	1784.28	-15.48	0.01	0.87
14	880301	煤炭	-0.87	503.40	-4.41	0.02	0.86
15	880431	船舶	-0.92	1145.22	-10.60	0.00	0.68
16	880456	环境保护	-0.94	2474.98	-23.46	0.00	0.96
17	880446	电气设备	-1.01	1493.65	-15.23	0.03	1.07
18	880421	广告包装	-1.02	2531.03	-26.20	0.00	1.12
19	880372	食品饮料	-1.05	1692.17	-17.97	-0.04	0.78
20	880351	矿物制品	-1.16	1492.15	-17.51	0.00	0.65
21	880367	纺织服饰	-1.18	1676.36	-20.04	0.04	0.93
22	880474	多元金融	-1.18	2526.02	-30.28	0.02	0.76
23	880432	运输设备	-1.20	2237.36	-27.06	0.05	0.88
24	880355	日用化工	-1.20	1720.11	-20.88	0.00	0.55
25	880390	汽车类	-1.22	1648.48	-20.43	-0.05	0.93
26	880422	文教休闲	-1.29	3265.45	-42.69	-0.08	1.15

	酒店餐饮(11)	涨幅%↓	现价	量比	涨速%	流通市值
1	首旅酒店	10.01	29.89	0.30	0.00	69.17亿
2	华天酒店	3.74	10.25	1.33	0.00	73.67亿
3	锦江股份	0.79	51.32	0.97	0.33	229.52亿
4	*ST云网	–	–	0.00	–	56.47亿
5	零七股份	–	–	0.00	–	48.98亿
6	西安饮食	-0.33	8.94	0.91	0.00	38.94亿
7	岭南控股	-0.85	19.83	1.10	-0.10	53.48亿
8	全聚德	-1.29	23.00	0.78	0.00	64.58亿
9	金陵饭店	-2.10	15.42	0.75	-0.12	46.26亿
10	号百控股	-2.30	21.21	0.89	-0.37	113.55亿
11	*ST新都	–	–	0.00	–	0.00亿

常规▲ | 分类▲ | A股 | 板块指数 | 定制品种 | 自选 | 板块▲ | 自定▲ | 沪A | 深A | 中小 | 股票期权▲ | 港股▲ | 期货▲ | 开基与理财▲ | 其它品种▲

图 5-3　行业板块图

与左侧行业板块对应的是右侧的股票栏。这里面也有几个子菜单，需要我们重点关注的有涨幅、现价、量比和流通市值这几项。涨幅是看该板块内哪只股票涨得最好；现价可以观察一只股票是高价股、中价股还是低价股，即处在什么价格区间；量比可以知道当前哪只股票在放量；而流通市值可以知晓当下是大盘股强还是小盘股强。

5.2.2　概念板块

概念股又叫题材股，特指市场当中具有某种特别内涵的股票。它不是以股票的主营业务或经营业绩作为划分依据，而是以市场当下有什么新闻事件，或者政府出台某种政策作为股票的划分方法。例如，2015 年热炒的“一带一路”概念、“互联网＋”概念等都属于概念股的范畴。

点击进入板块指数，再用鼠标单击概念板块，我们就进入其中了。

概念板块很多，并且软件设计人员还会根据市场新的炒作热点不断添加新的概念以适应市场的需要。例如最近流行的“虚拟现实”概念和“量子通信”概念就是刚刚兴起，并被软件设计人员新添加到系统中的。

近两年，概念炒作呈愈演愈烈之势，各种新概念层出不穷，有的概念专业人士也连呼看不懂，但不管怎样，能够在市场当中存在，就一定有它的道理，只是投资人自己要分辨清楚，避免过度炒作为自己带来风险。

如图 5-4 所示，这是板块指数里面的概念板块。与行业板块一样，它也分为两部分，其中左边是各种概念的名称，右边是相关概念中所有的股票名称。

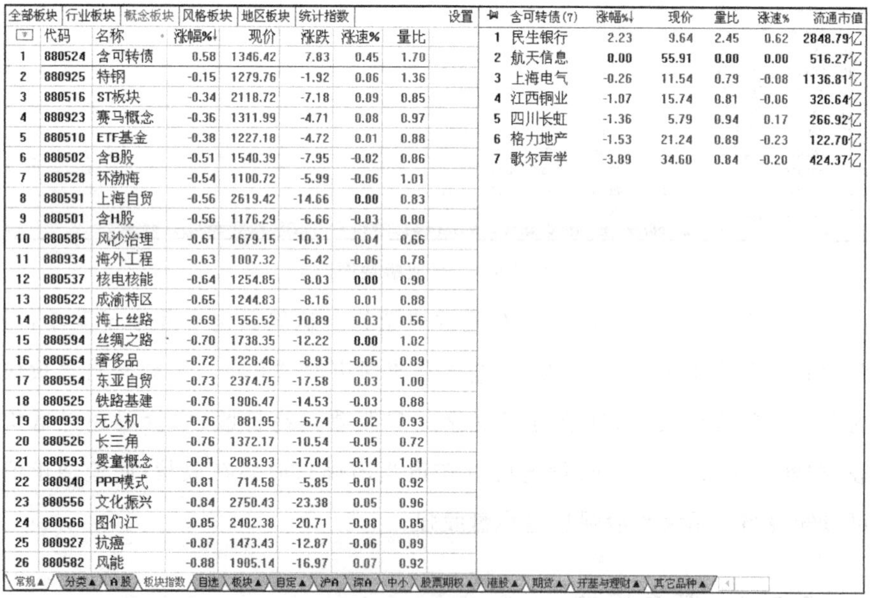

	代码	名称	涨幅%↓	现价	涨跌	涨速%	量比
1	880524	含可转债	0.58	1346.42	7.83	0.45	1.70
2	880925	特钢	-0.15	1279.76	-1.92	0.06	1.36
3	880516	ST板块	-0.34	2118.72	-7.18	0.09	0.85
4	880923	赛马概念	-0.36	1311.99	-4.71	0.08	0.97
5	880510	ETF基金	-0.38	1227.18	-4.72	0.01	0.88
6	880502	含B股	-0.51	1540.39	-7.95	-0.02	0.86
7	880528	环渤海	-0.54	1100.72	-5.99	-0.06	1.01
8	880591	上海自贸	-0.56	2619.42	-14.66	0.00	0.83
9	880501	含H股	-0.56	1176.29	-6.66	-0.03	0.80
10	880585	风沙治理	-0.61	1679.15	-10.31	0.04	0.66
11	880934	海外工程	-0.63	1007.32	-6.42	-0.06	0.78
12	880537	核电核能	-0.64	1254.85	-8.03	0.00	0.90
13	880522	成渝特区	-0.65	1244.83	-8.16	0.01	0.88
14	880924	海上丝路	-0.69	1556.52	-10.89	0.03	0.56
15	880594	丝绸之路	-0.70	1738.35	-12.22	0.00	1.02
16	880564	奢侈品	-0.72	1228.46	-8.93	-0.05	0.89
17	880554	东亚自贸	-0.73	2374.75	-17.58	0.03	1.00
18	880525	铁路基建	-0.76	1906.47	-14.53	-0.03	0.88
19	880939	无人机	-0.76	881.95	-6.74	-0.02	0.93
20	880526	长三角	-0.76	1372.17	-10.54	-0.05	0.72
21	880593	婴童概念	-0.81	2083.93	-17.04	-0.14	1.01
22	880940	PPP模式	-0.81	714.58	-5.85	-0.01	0.92
23	880556	文化振兴	-0.84	2750.43	-23.38	0.05	0.96
24	880566	图们江	-0.85	2402.38	-20.71	-0.08	0.85
25	880927	抗癌	-0.87	1473.43	-12.87	-0.06	0.89
26	880582	风能	-0.88	1905.14	-16.97	0.07	0.92

	含可转债(7)	涨幅%↓	现价	量比	涨速%	流通市值
1	民生银行	2.23	9.64	2.45	0.62	2848.79亿
2	航天信息	0.00	55.91	0.00	0.00	516.27亿
3	上海电气	-0.26	11.54	0.79	-0.08	1136.81亿
4	江西铜业	-1.07	15.74	0.81	-0.06	326.64亿
5	四川长虹	-1.36	5.79	0.94	0.17	266.92亿
6	格力地产	-1.53	21.24	0.89	-0.23	122.70亿
7	歌尔声学	-3.89	34.60	0.84	-0.20	424.37亿

图 5-4 概念板块

概念板块数量很多，按目前的统计已经达到了 128 个，想在如此多的概念中寻找热点，难度无疑很大。概念炒作具有某种时效性，时间越近的越容易受到反复地炒作，时间跨度远的会慢慢地冷却，这是我们在操作时需要注意的地方。

5.2.3 风格板块

风格板块大家可能不太容易理解，这个板块的划分不是按照股票本身具有的属性,也不是依据市场对某种政策或题材的反应,而是从投资者的角度对股票的性质进行的某种分类。

进入风格板块之中,我们可以看到风格板块有51个种类,但划分的标准却很不统一。例如这里有按持有股票的资金性质划分的基金重仓、社保重仓、保险重仓,以及最近大热的证金持股等板块,还有从价值投资角度出发的低市净率股、高市盈率股等板块,更有从股票流通盘角度出发的小盘股、中盘股、大盘股等板块,代表了市场上不同风险偏好、不同炒作风格、不同资金性质等多种市场风格。大家可以根据自己的喜好,在相应的风格当中寻找自己认同感最高的板块,作为寻找类似股票的便捷条件。

如图5-5所示,这是板块指数里面的风格板块。风格板块里面的内容与行业板块和概念板块是一样的,这里我们不再重复。风格板块中有几个板块值得我们重点留意,一个是按资金性质划分的QFII重仓、社保重仓、保险重仓、基金重仓和券商重仓板块。这几个板块分别代表了市场上不同的资金取向,从中可以观察这些大资金的动向。如果在这些板块中有共同的股票存在,说明这只股票得到市场大资金的一致认可,投资者不妨对这样的股票多加留意。

还有两个板块也需要大家注意,那就是预高送转板块和行业龙头板块。预高送转板块里面罗列的都是一些净资产高、每股未分配利润高、每股资本公积金高的"三高"股票,它们都具有潜在高送转的潜力。高送转行情是近些年每年都有的行情,特别是在上市公司中报、年报公布期间,提前预告高比例送股的股票都会得到市场的热炒。如果您想参与这类股票的炒作,想分享小市值公司在成长期的快速发展,不妨多留意这个板块。

行业龙头板块很好理解,里面汇聚的都是各行各业的龙头上市公司。例如钢铁行业您先会想到宝钢股份;汽车行业您会想到上汽集团;证券行业毫无疑问是中信证券,而白色家电非格力电器莫属。当市场兴起某种炒作,而您又拿不准谁是龙头时,可以进到这里快速地查找相应的投资品种。

地区板块划分的方法是按发行股票的上市公司注册地所在区域对股票

全部板块	行业板块	概念板块	风格板块	地区板块	统计指数		设置		业绩预降(120)	涨幅%↓	现价	量比	涨速%	流通市值
	代码	名称	涨幅%↓	现价	涨跌	涨速%	量比	1	昊华能源	10.04	7.45	2.56	0.00	89.40亿
1	880843	业绩预降	2.96	1113.25	32.05	0.07	1.53	2	宝钢股份	10.04	5.92	2.19	0.00	972.32亿
2	880512	出口退税	2.79	828.82	22.47	-0.02	1.41	3	盘江股份	10.01	9.01	1.48	0.00	149.12亿
3	880849	股份回购	2.63	1488.32	38.15	-0.05	1.49	4	陕西煤业	10.00	5.17	2.14	0.00	140.11亿
4	880854	预高送转	2.51	1192.78	29.21	-0.02	1.76	5	上海能源	9.99	10.46	2.86	0.00	75.60亿
5	880835	绩优股	2.49	1050.97	25.58	-0.04	1.72	6	国海股份	9.99	8.92	2.76	0.00	61.72亿
6	880532	整体上市	2.46	1179.18	28.26	-0.04	1.56	7	湖南黄金	9.96	10.05	3.02	0.00	100.10亿
7	880543	外资背景	2.39	1210.92	28.32	-0.06	1.58	8	平煤股份	9.91	4.77	2.01	0.00	112.63亿
8	880829	低市净率	2.32	1251.75	28.40	0.01	1.72	9	云南锗业	9.79	18.17	1.68	0.94	115.04亿
9	880857	证金持股	2.21	776.65	16.79	0.01	1.60	10	中国神华	9.69	15.62	3.35	0.00	2575.90亿
10	880841	价值稳健	2.10	1139.06	23.48	0.00	1.62	11	凯恩股份	9.65	8.25	2.10	0.10	46.48亿
11	880847	行业龙头	2.10	1396.49	28.71	0.02	1.52	12	合肥城建	6.56	19.81	2.44	0.10	62.77亿
12	880809	基金独门	2.09	2672.51	54.73	-0.11	1.49	13	花园生物	6.29	24.17	1.17	0.00	23.04亿
13	880853	中字头	2.08	646.87	13.17	0.00	1.60	14	华新水泥	5.89	7.73	2.82	0.00	75.20亿
14	880802	QFII重仓	2.06	1101.90	22.13	-0.03	1.46	15	金钼股份	5.57	7.58	1.55	-0.26	244.58亿
15	880821	大盘股	2.03	1076.39	21.45	0.02	1.66	16	协鑫集成	5.38	10.18	2.54	-0.09	224.80亿
16	880839	价值优势	2.03	1167.12	23.21	0.04	1.63	17	洛阳钼业	4.87	4.09	1.83	0.00	529.81亿
17	880530	参股金融	2.00	1198.50	27.19	0.00	1.44	18	罗平锌电	4.77	18.00	1.20	-0.11	15.53亿
18	880845	高股息股	1.97	1984.16	38.26	0.07	1.36	19	中海油服	4.38	13.81	1.49	0.07	408.84亿
19	880808	高管减持	1.96	3623.83	69.73	-0.11	1.15	20	海南矿业	4.19	12.67	1.73	0.47	108.79亿
20	880511	承诺注资	1.95	1035.15	19.75	0.01	1.47	21	中电电机	4.09	55.51	1.00	-1.05	12.43亿
21	880826	低市盈率	1.94	1142.54	21.72	0.02	1.58	22	柳 工	4.02	7.50	1.48	0.05	84.38亿
22	880806	社保重仓	1.89	1090.46	20.24	0.10	1.36	23	山河智能	3.91	9.03	1.44	-0.11	56.83亿
23	880840	价值发现	1.80	1242.01	21.94	-0.01	1.50	24	新北洋	3.91	15.15	1.21	0.46	83.14亿
24	880833	亏损股	1.75	832.88	14.34	-0.05	1.66	25	华友钴业	3.71	22.11	1.50	0.00	20.12亿
25	880858	国开持股	1.73	1071.95	18.19	-0.02	1.40	26	海正药业	3.59	13.45	1.25	-0.14	133.73亿
26	880846	破净资产	1.69	3628.85	60.14	0.11	1.92	27	鸿博股份	3.46	25.14	1.58	0.00	51.70亿

图 5-5　风格板块

进行划分，相对而言，其重要性不如我们前面介绍的三个板块，大家作为参考即可，感兴趣的可以自行在软件中浏览，这里就不说明了。

5.3　板块优选

一只股票，如果它不是中石油这类占大盘权重较大的股票，那么作为单独的个体，它在市场的波动中是很容易被忽略掉的，除非它有某种独特的题材或概念做支撑。但板块就不同了，作为一个特定的群体，板块本身是由相同类型的股票共同构成的，其表现也就代表了这一个股票群体的表现。如果这个板块的走势能够优于指数，那么该板块的波动就很容易引起我们的重视。同理，板块内表现最好的个股更会引起我们的重视，这就是我们选股的逻辑。

指数确定后选股时首先优选板块，按照这一思路，我们对板块的选择只有一个，那就是板块的表现一定要强于确定的指数。

5.3.1 板块添加

证券分析软件的叠加功能,目前只允许四个不同的品种在一个画面内叠加,按照软件这样的设置,我们可以将每三个板块编成一组,分别与选定的指数进行叠加,对比强弱。不过一旦您这样操作后就会发现一个问题,那就是软件到最后会把板块内所有的个股呈现出来,让您添加,而不是您想选定的板块本身。这其实是软件系统的设置问题,因为系统在设计的最初,给定的都是最后的终端品种。如何解决这个难题呢?我们首先要做的就是板块添加。

以通达信的软件系统为例,在证券分析软件的最下方有一个"自选"字样的子菜单,它的作用是可以让用户把自己想要的投资品种单独放到这里面,从而形成一个小型的备选股票池,以此节省用户的浏览时间。现在我们需要做的,就是利用软件的这个功能,耗费一点时间,把行业板块和概念板块添加到这里。

以行业板块添加为例,具体的操作步骤如下。

(1)将画面调到行业板块,并用鼠标确定你想要添加的板块。

(2)同时按下 Alt+Z 组合键进行添加。

(3)或者单击鼠标右键,在里面的子菜单中找"加入到自选股"字样进行添加。

如图 5-6 所示,这是添加后的图。为了便于比较,这里我们添加了互联网、银行、传媒娱乐三个行业板块;除此之外,还添加了上海自贸、虚拟现实和量子通信三个概念板块在里面。

同步	代码	名称	涨幅%	现价	涨跌	买价	卖价	总量	现量	涨速%	换手%	今开	最高	最低
1	880494	互联网	-0.05	5294.67	-2.46	-	-	214.1万	-	-0.03	2.22	5326.96	5389.52	5244.96
2	880471	银行	0.14	1435.78	1.96	-	-	599.1万	-	0.03	0.06	1430.05	1437.14	1426.19
3	880418	传媒娱乐	-0.45	2244.19	-10.08	-	-	372.6万	-	0.00	1.20	2265.53	2281.56	2224.19
4	880591	上海自贸	0.20	2422.58	4.72	-	-	367.0万	-	-0.06	0.65	2422.93	2437.98	2402.49
5	880942	虚拟现实	-0.43	977.60	-4.24	-	-	652.0万	-	0.03	1.44	985.25	994.61	967.53
6	880943	量子通信	-0.20	930.93	-1.86	-	-	215.5万	-	0.08	1.98	935.27	939.96	919.00

图 5-6 板块添加图

将板块指数添加到自选后,我们就解决了问题,可以将板块与指数相互进行比对了。

5.3.2 行业板块与指数的对比

深沪两市总计 2800 余只股票被分门别类地划分在 56 个行业当中,如何将这些行业与指数进行对比呢?到了这一步,我们可以选择两种方法:第一种,是比较笨的方法,即将全部行业每三个编为一组,与您选定的指数进行对比,并将您认为比指数强的行业板块记录下来。这一步完成后,再将记录下来的行业板块每四个编为一组,进行行业板块间的相互对比,并根据您的资金量、看盘能力等因素,选择一个或几个行业板块作为您日后看盘的重点板块。

我们用图说明一下这个过程。

如图 5-7 所示,这是创业板指数与互联网、银行以及传媒娱乐三个行业板块的对比图,时间段是 2014 年 12 月至 2015 年 9 月。在前面介绍指数的内容里面我们曾说过,图形的压缩以能反映出一年左右的时间段作为标准。这里,我们就按照前面讲的内容,将图压缩到 200 根 K 线的幅度,以此观察指数和行业板块对比时总体的趋势情况。

之所以选择与创业板指数进行对比,是因为在介绍指数的时候我们曾提过,在 2015 年 9 月的时候,创业板指数领先于其他三个指数走出了底部,并率先发动了一波行情。我们的图就采用这个时间点,为大家讲解行业板块与大盘指数间的对比过程。

十字光标的竖线部分显示的时间就是 2015 年 9 月。假设这个时候我们认定,在四大指数中创业板指数表现得最为强势,我们由此确定将创业板指数作为对比的基准指数,以此与行业板块做对比。此时,我们就进入了优选板块的程序。第一步就是如图中所示的这样,将全部行业板块与大盘指数进行对比。从图中我们可以看到,在三个行业板块中,互联网行业的走势强于创业板指数,而银行板块和传媒娱乐板块弱于创业板指数,因此,我们将

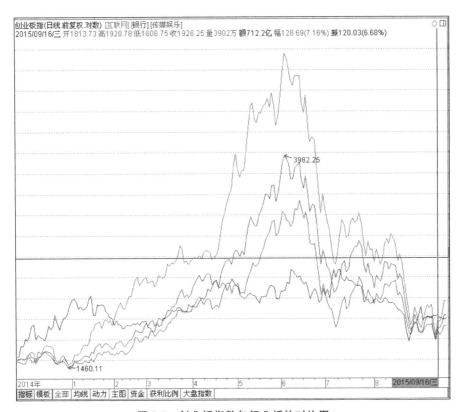

图 5-7 创业板指数与行业板块对比图

互联网行业板块作为备选板块记录下来,于是我们完成了板块选择的第一步。

需要指出的是,选择互联网行业板块还有一个考虑,那就是这个行业板块在之前的行情中一直领先于创业板指数上涨,并且在随后的下跌行情中呈现出的也是抵抗性下跌的态势,这些都说明在这个行业板块内的确有大资金看好这个行业板块的未来前景,愿意驻扎在其中。做完第一步后,第二步我们又该如何进行呢?为了便于说明,我们还是以上面谈到的三个行业板块为例进行说明。

如图 5-8 所示,这是互联网、银行、传媒娱乐三个行业板块的对比图。为了保证时间跨度的一致性,尽管还是采用收盘线图,但我们还是将图压缩到 200 根 K 线的幅度,时间段也依然是 2014 年 12 月至 2015 年 9 月。假设与创业板指数对比后,这三个行业板块都强于创业板指数,那么下一步就是行业板块间的相互对比。

通过观察图我们可以看到,在互联网、银行、传媒娱乐三个行业板块中,互联网行业板块指数是最强的,因此在2015年9月这个时间段进行选股时,我们要先将互联网行业板块作为首选。

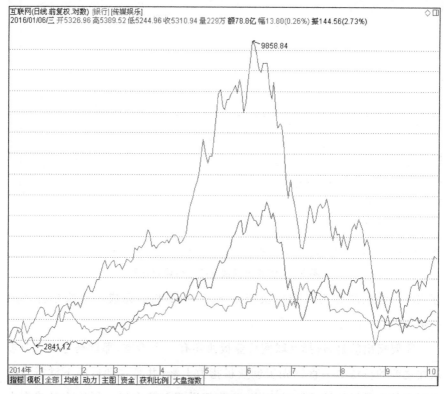

图5-8 行业板块间的对比图

理解并掌握了行业板块与大盘指数间的对比,概念板块与大盘指数的对比就可以非常轻松地完成了。

5.3.3 概念板块与指数的对比

如果按照第一种的笨方法,那么概念板块与大盘指数对比的步骤和行业板块与大盘指数对比的步骤其实是一样的。

这里我们讲第二种相对简单的方法。以创业板指数为例,在前面关于指数的介绍中,我们曾说过创业板里面的股票大都是初创企业或者是符合国家战略转型的新兴产业,代表了中国产业转型的方向。例如国家产业政策提倡的新能源、节能环保、电动汽车、新医药、新材料、信息产业和生物育种等七大战略新兴行业,其中的优秀企业在创业板中都有体现。既然我们知道了创业板指数的特性,那么我们就可以有针对性地选择一些行业板块或者概念与指数做对比,而不用将全部行业板块或者概念都选进来。例如,代表传统行业的煤炭、电力、钢铁等我们在初选时其实就可以放弃了。这样做的好处是可以节省时间与精力,但坏处是可能错过一些好的个股,不过相对而言,有利的一面更多一些。

如图 5-9 所示,这是上海自贸、虚拟现实、量子通信三个概念板块与创业板指数的对比图。之所以选择这样的图,也是为了向大家展示市场当中的一个特点,那就是相关概念其实是随着市场的发展才诞生的。像图中棕色线条和绿色线条代表的虚拟现实概念与量子通信概念,分别是在 2015 年 11 月和 2015 年 12 月才各自形成的。在这之前,这两个概念根本就不存在。如果大家在日后发现您想要观察的概念突然间找不到了,那就意味着这个概念已经过时,软件程序人员将它们从系统中删除了。

我们看到上海自贸区概念板块在 2015 年 9 月的时候是强于创业板指数的,但在表现了一段时期后,上海自贸概念于 2015 年的 11 月开始领先指数展开下跌,此时可以认为这个概念的炒作已经告一段落,因为相对于大盘指数来说,它已经开始走弱了。我们还看到创业板指数在上海自贸概念走弱后依然维持着强势,这就说明在上海自贸概念走弱后,市场又有新的概念板块接过了上涨的大旗,从而使得创业板指数继续表现出了强势的状态。

在一般情况下,板块与指数的对比我们选用行业板块和概念板块已经能够满足选股的需要了,剩下的地区板块以及风格板块只不过是观察盘面时的工具而已,与选股的关系不大,这里就不展开了。

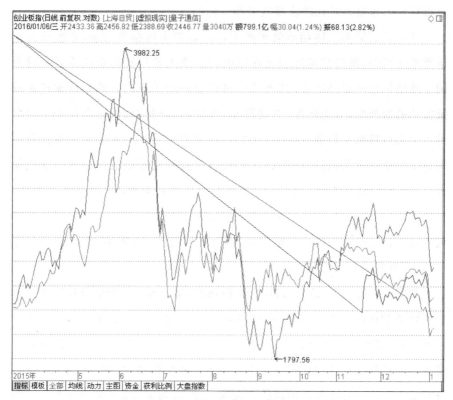

图 5-9 概念板块与创业板指数对比图

5.3.4 板块间的对比

所有的行业板块和概念板块在与创业板指数完成对比后,我们就可以从中确定出未来一段时期内可能有所表现的潜在板块了。其实到了这个阶段,我们挑选出的板块已经是强势板块了,但假如在与大盘指数对比后,潜在的强势板块还有很多,我们又该如何呢?

首先说明一点,如果大部分的板块都强于大盘指数,那么未来或许会是一轮波澜壮阔的牛市。

回到我们的话题,如果您觉得强势板块的品种还是多了一点,希望能精益求精,更好地进行选择,也没关系,我们只需要把挑选出的板块每四个编为一组,再次对比就好了。如此一来,我们选择出的必定是最优的板块了。

上面我们提到,互联网行业板块和上海自贸概念板块在2015年的9月都强于创业板指数。这里我们假设,其他板块和概念在对比后都弱于创业板指数,如果我们想在这两个板块当中优中选优的话,只要将这两个板块再次对比即可。

如图5-10所示,这是互联网行业板块和上海自贸概念板块放在一起的相互对比图。与之前的一样,为了保证时间跨度的一致性,我们在采用收盘线图进行对比的时候,依然将图压缩到200根K线的幅度,时间段还是选择2014年12月至2015年9月。图中红色线条代表的是互联网行业板块,灰色线条代表的是上海自贸概念板块。从选股时的时间点上看,互联网行业

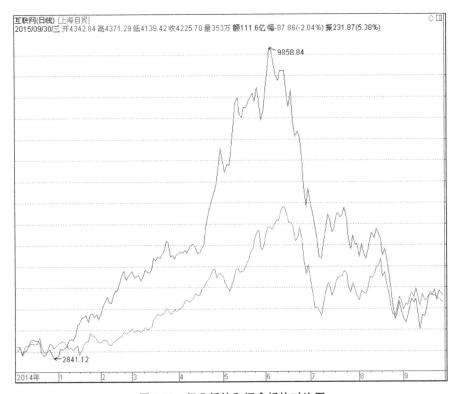

图 5-10 行业板块和概念板块对比图

强于上海自贸概念,所以优选的结果是互联网行业板块胜出。

做完了这一步,板块选择的最终结果已经水落石出了。我们对此无须还有丝毫的怀疑,因为这不是我们设定某种条件优选的结果,而是市场自己给出的答案。市场是最客观与真实的,如果连最真实的东西都不愿相信,那我们还能去相信谁呢?

越过了板块这一关,剩下的就是在个股当中做最后的选择了。

5.4 个股选择

在大盘指数与板块指数都确定的前提下,我们就进入了选股的第三个环节,那就是个股的选择。

到了这一步,个股的选择相对而言比较简单了,但如果您选中的板块内的个股数量很多,那么还要多费些力气;如果板块内的个股数量很少,就像保险板块,一共才有四只股票,那么您的工作量就很轻松了。

个股的选择也是两种方法:第一,在选定的板块内,把板块内所有的股票用三个一组的方式,与选定的板块指数做比较,并将强于板块指数的记录下来;第二,将强于板块的个股每四个编为一组,彼此之间再次相互进行比较,优选出最强的股票。

我们以2015年9月创业板指数强势时作为时间基准点,以我们选出的互联网行业为基准行业,为大家演示一下个股的选择。

如图5-11所示,这是行业板块中互联网行业的全部个股罗列图。图的左侧,我们用鼠标确定互联网行业,图的右侧该行业所有个股自然就罗列出来了。我们看到该行业板块内的股票一共有26只,数量还不算很多。限于篇幅,我们不能一一为大家做对比,这里只是选出焦点科技(002315)、人民网(603000)、东方财富(300059)、乐视网(300104)、北纬通信(002148)、拓维信息(002261)这六只具有代表性的股票为大家进行演示。

全部板块 | 行业板块 | 概念板块 | 风格板块 | 地区板块 | 统计指数 | 设置

	代码	名称	涨幅%↑	现价	涨跌	涨速%	量比
27	880448	电器仪表	2.29	2138.23	47.95	0.03	1.09
28	880492	元器件	2.30	1656.04	37.24	0.06	1.05
29	880446	电气设备	2.45	1367.28	32.70	0.06	1.01
30	880406	商业连锁	2.46	1293.50	31.11	0.05	0.95
31	880350	造纸	2.47	1315.90	31.70	0.09	0.97
32	880424	旅游	2.48	1855.85	44.94	-0.06	1.00
33	880414	商贸代理	2.50	1427.55	34.86	0.10	0.95
34	880330	化纤	2.52	1273.50	31.35	0.06	0.82
35	880422	文教休闲	2.53	3091.82	76.35	0.12	1.25
36	880335	化工	2.54	1265.41	31.37	0.07	0.91
37	880440	工业机械	2.59	1811.52	45.74	0.07	0.96
38	880494	互联网	2.61	5435.49	138.36	0.02	1.41
39	880305	电力	2.65	1555.83	40.14	0.11	1.48
40	880490	通信设备	2.69	1814.47	47.60	0.07	1.07
41	880497	综合类	2.75	1525.05	40.75	0.16	0.91
42	880447	工程机械	2.76	660.43	17.73	0.03	1.04
43	880459	运输服务	2.77	1108.79	29.93	0.14	1.04
44	880491	半导体	2.78	1257.25	33.96	0.06	0.95
45	880367	纺织服饰	2.86	1553.93	43.17	0.11	1.01
46	880464	仓储物流	2.87	3032.80	84.70	0.21	0.99
47	880476	建筑	2.96	1450.99	41.66	0.16	1.04
48	880437	通用机械	3.01	1289.62	37.70	0.14	1.06
49	880310	石油	3.09	842.24	25.24	0.20	1.34
50	880360	农林牧渔	3.13	1445.17	43.82	0.05	1.10
51	880455	供气供热	3.30	1188.81	37.94	0.08	0.82
52	880351	矿物制品	3.43	1311.81	43.50	0.12	1.07

	互联网(26)	涨幅%↓	现价	量比	涨速%	流通市值
1	昆仑万维	10.01	38.12	2.04	0.00	104.72亿
2	生 意 宝	10.00	67.98	1.36	0.00	170.87亿
3	盛天网络	9.99	34.69	0.0	0.00	10.41亿
4	京天利	4.73	49.37	0.85	0.02	21.94亿
5	天神娱乐	4.41	88.30	1.42	0.00	89.53亿
6	迅游科技	4.40	88.74	1.19	-0.17	35.50亿
7	顺荣三七	3.92	42.41	1.67	-0.07	67.44亿
8	焦点科技	3.88	86.30	1.10	0.11	52.06亿
9	人民网	3.73	20.58	0.93	0.14	227.55亿
10	中青宝	3.67	24.86	1.03	0.04	64.87亿
11	腾信股份	3.56	35.50	1.05	0.02	57.06亿
12	上海钢联	3.22	44.91	1.51	-0.02	63.53亿
13	三六五网	3.09	42.75	1.12	0.00	66.84亿
14	北纬通信	3.01	19.18	0.84	-0.10	38.90亿
15	东方财富	2.84	45.55	1.81	-0.08	588.17亿
16	掌趣科技	2.81	12.08	0.75	0.00	194.58亿
17	游久游戏	2.79	18.43	1.23	0.05	113.65亿
18	拓维信息	2.21	32.83	0.96	0.00	100.54亿
19	海虹控股	1.60	29.18	0.89	-0.20	262.03亿
20	视觉中国	1.42	32.96	0.99	-0.09	64.82亿
21	智度投资	1.15	27.25	2.82	0.07	68.40亿
22	顺网科技	0.72	82.70	1.64	0.01	147.80亿
23	暴风科技	–	–	0.00	–	63.25亿
24	乐视网	–	–	0.00	–	642.35亿
25	游族网络	–	–	0.00	–	78.79亿
26	三五互联	-0.73	22.99	1.01	-0.04	48.68亿

常规▲ 分类▲ A股 板块指数 自选 板块▲ 自定▲ 沪A 深A 中小 股票期权▲ 港股▲ 期货▲ 开基与理财▲ 其它品种▲

图 5-11　互联网板块个股罗列图

每三只股票编为一组，与之前确定的互联网行业指数做对比。

第一组，焦点科技(002315)、人民网(603000)、东方财富(300059)。

如图 5-12 所示，这是上述三只股票与互联网行业指数的对比图。图依然采用收盘线图的形式，仍然按 200 根 K 线的数量对该图进行了压缩，以此充分反映股票与行业指数的趋势演变。互联网板块与创业板指数做对比的时间段是在 2015 年的 9 月，所以板块内的股票与板块指数做对比的时间段我们同样选在 2015 年 9 月。请看图中右边曲线区别最明显部分，由上往下四条曲线分别代表东方财富、焦点科技、互联网板块和人民网。将四个品种放在同一个画面进行对比，我们就能很直接地看出，在这一组中，东方财富表现得最为强势，于是我们把它记录下来，作为备选股之一。

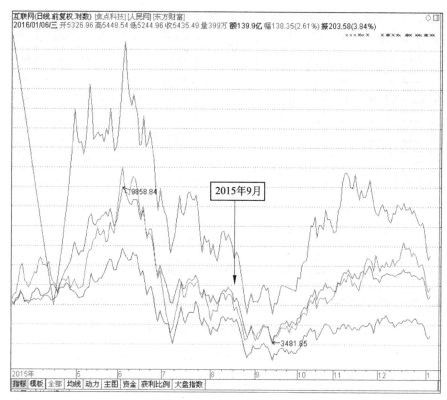

图 5-12 互联网板块与个股对比图 1

我们再看下一组的对比结果。

第二组,乐视网(300104)、北纬通信(002148)、拓维信息(002261)。

如图 5-13 所示,这是互联网板块指数与上述三只股票的对比图,其中红色线条代表互联网板块,灰色线条代表乐视网,棕色线条代表北纬通信,而绿色线条则代表拓维信息。毫无疑问,这一组的明星是拓维信息。我们把它记录下来,作为另一只备选股。

按照此方法,我们可以将互联网板块内的 26 只股票与互联网板块指数逐一进行对比,并选出候选股。这里我们假设,通过对比我们只选出了东方财富和拓维信息这两只股票,而我们的目标是集中资金在一只股票上面进行交易,那么下一步我们只需将这两只股票进行对比,选出最后的强者即可。

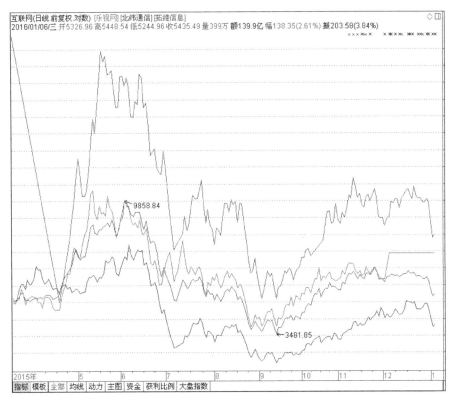

图 5-13 互联网板块与个股对比图 2

我们看一下最后的对比结果。为了节省篇幅,在两只股票进行对比的同时,我们还将创业板指数叠加到上面,一并看出端倪。

如图 5-14 所示,这是创业板指数(399006)与拓维信息(002261)和东方财富(300059)两只股票的叠加图。总体来看,在 2015 年 9 月之后,这两只股票都远远跑赢了创业板指数,并且交替领先,只是在走弱后东方财富下跌的速度更快一点,而拓维信息则是做出了一个双头的形态才见顶回落。如果您打开两只股票的 K 线图就会看到,两只股票都在这段行情中走出了翻倍的走势。要知道创业板指数是优于其他指数的,互联网板块是优于创业板指数的,而这两只股票是优于互联网板块的,可以说这两只股票就是当时市场的最强股,所以您如果能在 2015 年 9 月买入这两只股票中的任意一只,想不赚钱都难。

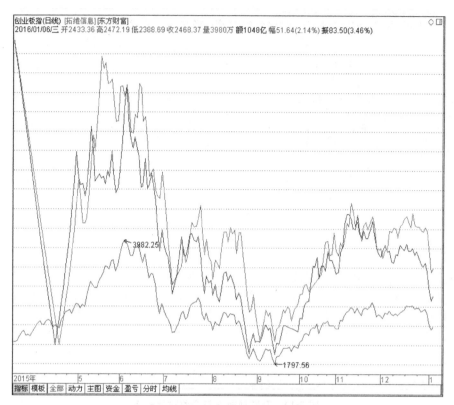

图 5-14　互联网板块与个股对比图 3

　　选股的程序我们介绍过了,就是先指数,再是板块,最后是个股。按道理来讲,根据这种选股逻辑选出的股票应该就是强势股票了,但为了万无一失,我们最好在具体的股票选出后,再通过其他手段对其验证一下,如此一来,就堪称完美了。

5.5　个股验证

　　一般来讲,我们通过指数、板块以及板块与个股的对比后,已经可以选出几只强势股了。但有一点我们要清楚,在选股的时间段选出的强势股只代表当时的强势,未来的走势还会受到很多的因素制约。如何保证选出的股票真的能在未来如我们所愿呢？我们通过以下几方面对该股进行验证。

5.5.1 趋势验证

趋势交易是市场当中大部分投资者都在使用的交易策略。根据牛顿定律,趋势一旦形成就会形成惯性,并在没有强大外力发生作用的情况下,趋势本身会自我强化。这就意味着,趋势一旦形成,短时间内将不容易改变,这也是在上升趋势阶段很多投资人感觉赚钱很容易的原因。

趋势的形成需要多空双方反复地争斗,同时也需要时间的积累,因此在趋势还未形成的阶段,我们尽可能地不要参与,因为这会浪费我们的时间,同时扰乱我们的心绪。但趋势一旦形成并展开了突破,我们要有勇气进场,博取较大的收益。

判定趋势是否转变并最终形成的技术很简单,就是我们在第 2 章中提到的 123 法则和 2B 法则。

我们就以这个技术条件对东方财富和拓维信息这两只股票的趋势进行一下判断。

如图 5-15 所示,这是东方财富(300059)的趋势验证图。研判之前,我们再来温习一下 123 法则和 2B 法则的内容。

123 法则：

(1) 趋势线被突破。

(2) 上升趋势不再创新高,或下降趋势不再创新低。

(3) 在上升趋势中,价格向下穿越先前的短期回档低点,或在下降趋势中,价格上穿先前的短期反弹高点。

2B 法则：在上升趋势中,如果价格已经穿越先前的高点而未能持续挺升,稍后又跌破先前的高点,则趋势很可能会发生反转。或是在下降趋势中,如果价格已经穿越先前的低点而未能持续下跌,稍后又涨破先前的低点,则趋势很可能会发生反转。

通过东方财富的趋势图,我们看到东方财富这只股票完全符合趋势转变的特征。股价先是探明一个低点,随后略有反弹,二次探底没有再创新低,符合 123 法则的第(2)条;在十字光标定格的这一天,也就是 2015 年 9 月 21 日,股价以涨停的形式突破了下降趋势线,符合 123 法则的第(1)条;就在同一天,该股当天的收盘价突破了先前高点的收盘价,满足了 123 法则的第(3)条。在本书的第 2 章我们说过,通常情况下,只要满足 123 法则里面的两条内容,实战中就可以采取行动了,现在该股符合了全部内容,可以说该股的下降趋势已经成功扭转,通过了我们的趋势验证条件。

图 5-15 东方财富趋势验证图

看过了东方财富,下面我们再看一下拓维信息这只股票的验证结果。

如图 5-16 所示,这是拓维信息(002261)的趋势验证图。从图中我们可以看到,拓维信息与东方财富的走势略有不同。在十字光标定格的 2015 年 9 月 21 日这一天,该股只是完成了 123 法则中的两条内容,即图中方框里面提到的回调不破低点和突破先前高点。该股当天的突破力度相比东方财富也略有不及,涨幅只是 7.22%,而东方财富则是涨停收盘。

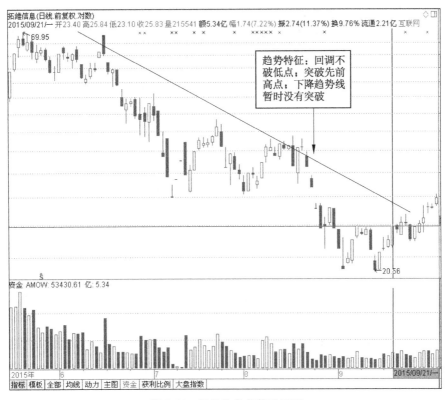

图 5-16　拓维信息趋势验证图

当然了,我们说过,123 法则的三条内容只要符合两条就可以认为趋势逆转,从这一点来说,拓维信息的下降趋势也已经终结,只是符合两条终归不如全部符合为好,而且东方财富的走势又是那么的规范与经典,所以在选股时,东方财富到目前为止略占上风。

5.5.2　波浪验证

我们的第二个验证标准是用波浪理论对候选股进行验证。

如果说维克托·斯波朗迪提出的 123 法则是对道氏理论的阐述,那么拉尔夫·纳尔逊·艾略特的波浪理论就是对道氏理论极为重要的补充了。利用道琼斯工业平均指数作为研究工具，艾略特发现不断变化的股价结构与形态反映了自然和谐之美。根据这一发现他提出了一套相关的市场分析理论，精练出市场的13种形态(Pattern)或谓波(Waves)，在市场上这些形态重复出现，但是出现的时间间隔及幅度大小并不一定具有再现性。尔后，他又发现了这些呈结构性形态的图形可以连接起来形成同样形态的更大的图形。之后艾略特就提出了一系列权威性的波浪法则用来解释市场的行为，并特别强调波动原理的预测价值，这就是久负盛名的波浪理论。

关于波浪理论里面的具体内容以及以黄金分割为基础的波浪之间的计算，由于与本书的内容无关，这里我们就不具体阐述了，对波浪理论感兴趣的读者可以自行查阅相关书籍或资料进行学习。市面上关于波浪理论的书籍很多，在这里向大家推荐汉密尔顿·博尔顿于1978年出版的《艾略特波浪理论》一书，是比较权威的一个版本。

如果熟悉了波浪理论的规则，波浪理论其实是相对简单的，它对商品价格最主要的描述就是价格是以波浪运动的形式进行的，其中主要的推动阶段必定是以5浪的结构展开的，不管是上涨还是下跌。如果某一个商品价格在运动阶段充分地展现出5浪的结构，那么就可以认为，其主要的推动阶段已经过去，随之而来的，价格会向相反的方向运动。我们用波浪验证股票趋势的转变，运用的就是这一个原理。

波浪理论的内容并不复杂，但里面有几个铁律是不能违背的。换句话说，一旦价格运动违背了这几个铁律，可以认为我们的数浪是错误的，需要重新来数。

波浪理论的铁律有以下几点。

(1) 4浪的底部不会与1浪的顶重合。

(2) 3浪往往是最长的，但绝不会是最短的。

(3) 2浪的调整不会跌穿1浪的底。

上述三点就是波浪理论的铁律，当然其内容论述的是上升阶段。这里我们把它拿过来，是想通过我们的验证，看个股在下跌后是否处在底部，并有可能向相反方向运动,所以实战时可以把它反过来使用。

如图5-17所示,这是东方财富(300059)的波浪验证图,我们尝试着用波浪理论对该股进行剖析。单纯地从这一个下跌段来讲,如图中线段所画的那样,这是一个"5—3—5"的结构,也叫"A—B—C"结构,这种浪形在波浪里面属于调整浪的范畴。既然是调整浪,那么后续的动作大概率事件是价格会向相反的方向运动。我们这里是下跌的结构,其反向运动当然意味着上涨。

图5-17 东方财富波浪验证图

从另一个角度讲,就像我们之前谈到的那样,如果一只股票的股价在某个运动阶段充分地展现出5浪的结构,我们可以认为,其主要的推动阶段已经过去,随之而来的,价格会向相反的方向运动。如今东方财富呈现给我们的,非但是5浪结构的推动浪,而且还是两个,用笨道理想想,都会知道未来上涨的概率偏大,因为两个主要的推动浪,已经把下跌的动力都耗尽了。

下面我们再看看拓维信息这只股票用波浪验证的结果。

如图 5-18 所示,这是拓维信息(002261)的波浪验证图。如图中线段所画的那样,我们发现拓维信息的波浪结构与东方财富是一样的,都是呈现出"5—3—5"的结构,意味着这一段的下跌调整已经非常充分了。仔细观察内在的两个 5 浪的结构,我们会发现这两只股票都满足波浪理论的三大铁律,因此是可信的。

在波浪结构的演绎上,相比较而言,两只股票中东方财富这只股票走得更加规范,给人这样一种感觉,那就是做盘的主力好像"科班"出身,一招一式、一举一动都合乎规范,在细节上交代得也是清清楚楚的。而拓维信息这只股票的做盘主力,却是经常会离经叛道,有时好像故意要给投资者制造一些障碍,举手投足之间,江湖气息更加浓烈一点儿。

图 5-18　拓维信息波浪验证图

两只股票的波浪形态都满足要求,走势结构也是一模一样的,应该说都通过了我们的验证。但综合考量两只股票细节上的差异,好像东方财富更像是一个乖乖的、听话的、父母眼中的好孩子。对于我们来说,一只听话的股票还是会喜欢的,因此在这一个验证环节,优选的结果好像东方财富得到的分数应该更高一些。

5.5.3 形态验证

形态学是一门很古老的技术分析手段。在股市的初创时期,还没有像现在这么多的技术指标和投资理论的时候,形态学就已经成为一个单独的投资手段,在市场上存在了。懂得技术分析精髓的人,只要用眼睛看图形一眼,就会知道当前的股价是处在低位还是高位,是需要卖出还是买进了。

股价形态学是技术分析的基础,究其原因是形态学映射的是广大的投资群体对市场的看法,反映的是投资人的心理变化。投资人正是根据自己看到的图形形态开始进场交易的,并期待自己的交易结果会影响股价形态向自己期待的形态演变。这种群体性的行为固化了某种形态,并最终形成合力,引导市场向某种特定形态演变。

熟悉形态学的读者都知道,股价的底部形态有以下几种:双重底、头肩底、三重底、圆弧底。除了以上四种,价格在与指标的配合中还有一种形态值得引起我们的重视,那就是指标与价格的背离。

如图 5-19 所示,我们看一下东方财富(300059)的形态验证图。在这幅图中,我们用大家最常见的 MACD 指标搭配股价为大家进行分析。如何正确地运用 MACD 指标,感兴趣的读者可以参看笔者的另一本书《图解 MACD 指标,让你精准把握股票买卖点》,书里面详细地介绍了 MACD 指标的各类实用技巧。

我们把"5—3—5"的波浪结构用线段连接起来,仅保留最后一段反映股价形态变化的线段。如图中文字和箭头标注的那样,此时我们清楚地看到,该股的价格与指标呈现出了一个底背离的态势,同时股价最后的运行还形成了一个标准的"双底"形态,这些都有力地验证了该股处在一个底部形态结构当中,未来的上涨概率是很大的。此外,如果我们把底背离和双底形态连起来观察,会发现该股又呈现出一个下跌的 5 浪结构,这又从另一个角度验证了该股确实处在一个底部当中,同时也充分地说明了,不同的技术分析手段之间,其实是有着千丝万缕的联系的,只不过是对市场解读的角度不同,仅此而已。

图 5-19　东方财富形态验证图

看过了东方财富的形态验证图,您或许觉得真是一种巧合。不要紧,我们再看看拓维信息这只股票会带给我们什么样的感受。

如图 5-20 所示,这是拓维信息(002261)的形态验证图。与上图一样,如果把"5—3—5"的波浪结构用线段连接起来,仅保留最后一段反映股价形态变化的线段。我们就会清楚地看到拓维信息的股价与指标同样呈现出了一个底背离的态势,同时还形成了一个双底形态,就连下跌的 5 浪结构都是一模一样的,这就证明,拓维信息这只股票在当时也是处在一个底部的形态当中的。

忽视这些粗略的看法,如果我们深究做盘的细节,就会发现这两只股票之间其实还是有一点不同的,这点不同就体现在双底的构造上面。我们看东方财富的双底结构,呈现的是右底比左底高的形态,逐渐抬高的底部暗示着股价的强,这也是经典的双底做盘手法。而拓维信息双底的构造正好与东方财富相反,是右底低于左底,主力的离经叛道在这个地方再次地显现出来。这种双底结构暗示着股价的某一种弱,即便后面会上涨,波折可能也会多一些。

图 5-20 拓维信息形态验证图

纵观两只股票在第三个验证环节的对比,似乎东方财富在形态结构上的结果相比拓维信息还是略胜一筹。那么我们最终要选择东方财富吗?这就需要看最后一个验证环节,也是最重要的一个验证环节的结果了,那就是筹码验证。

5.5.4 筹码验证

就算一只股票处在底部区域,我们也不能说,这只股票未来会上涨。因为处在底部区域只是股价会上涨的一个基础条件,但绝不是必然条件。市场上什么都可能会发生,再好的底部构造如果跌破低点也会变成下跌中继形态,最完美的 5 浪结构或许仅仅是下跌段当中的一个子浪,就连最保守的道氏理论也会面临股价假突破的陷阱,用一句经典的小品台词来形容,主力的假动作那真是"防不胜防"。

最能保证个股在未来能够大幅上涨的,就是这只股票的筹码分布形态。因为主力吸纳了那么多的筹码,如果不拉升,是没有办法出来的。我们在第 3 章关于筹码分布的内容里,已经向大家介绍了最有可能大幅上涨的形态,就是个股的筹码在低位形成了单峰密集形态,而股价的启动点就是股价放量突破筹码的低位单峰密集。

最后的验证环节,我们就来看看东方财富和拓维信息这两只股票的筹码分布究竟是怎样的吧。

如图 5-21 所示,这是东方财富(300059)的筹码验证图。图中十字光标定格的这一天,也就是 2015 年 9 月 21 日,我们看到该股的筹码在低位形成了单峰密集形态。尽管该股上方还有一点套牢的筹码,但从堆积的情况看,阻力应该不会很大。之前三个环节的验证,也就是趋势、波浪和形态,我们都可以得出结论,东方财富这只股票在光标定格的这一天已经完成了突破,而本图显示,这一天不但完成了前面三个环节的突破,还完成了对低位单峰密集筹码峰的突破。从获利比例上看,数值显示的是 69.8%,虽然有点儿高,但依然处在持股区间。考虑到该股在底部还没有真正地上涨过,就算第一次上到 80% 的风险区,也值得继续观察一下。从平均成本看,数值显示市场整体成本在 34.76 元,而光标显示当天价格在 37.24 元,也就 10% 的上涨空间,还不算过度拉升。

我们根据公式计算一下该股未来潜在的高度。相信相关内容大家都还记得,那就是选择波段低点显示的平均成本与光标定格当天显示的平均成本做对比,并选择较低的数值作为计算的依据。通过移动光标我们看到,波段低点的平均成本是 35.53 元,比光标定格当天的 34.76 元高,于是我们选择 34.76 元作为计算的依据。

25% 的空间:34.76+34.76×25%=43.45 元;

30% 的空间:34.76+34.76×30%=45.19 元。

我们再观察上方最大的套牢筹码峰对应的价位,目测看大概在 47~50 元,与平均成本 30% 的空间接近,到了那个价位需要观察股价是否会遇到阻力。分析至此,我们可以说,东方财富在这一刻完全值得买入。

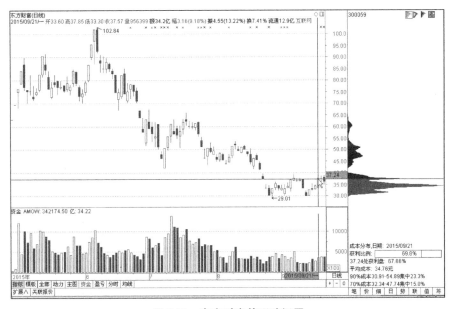

图 5-21 东方财富筹码验证图

我们再看看第二只股,也就是拓维信息的筹码是如何分布的。

如图 5-22 所示,这是拓维信息(002261)的筹码验证图。与东方财富的图一样,筹码在低位形成了单峰密集,并在上方留有部分的套牢盘。在通过趋势、波浪以及形态的验证后,该股在 2015 年 9 月 21 日,也就是十字光标定格的这一天，股价同样突破了低位的单峰密集和左边股价的高点。与东方财富相比，该股的获利比例同样差不多，数值是62.3％，相对高一点，但理由与东方财富一样，还算可以接受。从平均成本看，数值显示市场整体成本在24.88元，而光标显示当天价格在25.72元，基本算是没有上涨。

我们根据公式计算一下该股未来潜在的高度，即选择波段低点显示的平均成本与光标定格当天显示的平均成本做对比。通过移动光标我们可以看到，波段低点的平均成本是25.60元，比光标定格当天的25.72元低，于是我们选择25.60元作为计算的依据。

25％的空间：25.60＋25.60×25％＝32.00元；

30％的空间：25.60＋25.60×30％＝33.28元。

我们再观察上方最大的套牢筹码峰对应的价位，目测大概在38.00元，这就与平均成本区域有一定的空间距离了，也意味着股价上方会有两个潜在的阻力位。如此一来，主力在后续阶段的操作面对的困难相对较大，股价后续的走势就会受到某种程度的制约，这都需要我们密切地留意。

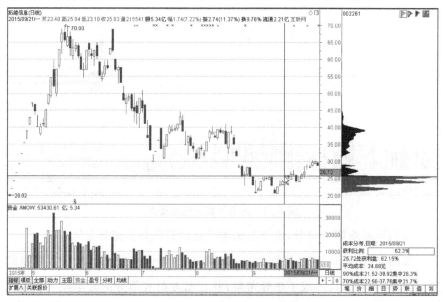

图5-22 拓维信息筹码验证图

看起来两只股票相差无几,但有两点大家要注意,一是通过观察两只股票的筹码分布图,我们可以看到,拓维信息上方的套牢盘更多,意味着阻力更大;二是东方财富上方的阻力分布均匀,而拓维信息上方的阻力分布得较为分散。通过上述几点分析,我们可以预料相比拓维信息,东方财富后续拉升受到的阻力更小,拉升的动作也将更为轻快。

考虑到资金量等因素,如果在选股时我们只能选择一只股票进场交易的话,综合四个环节的验证结果,我们会选择东方财富作为最终的交易品种。

5.5.5 最终结果

从指数对比到板块对比,从板块与个股的对比到个股之间的对比,我们一步步地走过来,并通过四个环节的验证最终确定了交易对象。最后,我们观察这两只股票后续的走势,看看我们的分析究竟会得出怎样的结果。

如图 5-23 所示,这是东方财富(300059)的后续走势图。按照筹码验证中计算出的阻力位置,我们在图上用长短横线的方式将这些阻力标出来,其中筹码峰的阻力用长横线表示,依据平均成本计算出的潜在阻力位用短横线表示。将阻力用线段在图上标注后,我们看看股价在这些地方都有怎样的变化。

我们看到东方财富的股价运行到平均成本计算出的潜在阻力后,走势显得有一点儿犹豫,但随后主力好像下定了决心,用一根长阳线打破了任何的顾虑,并直接突破了依据筹码峰画出的长横线的阻力,向着更高的目标迈进了。

突破了我们设定的潜在的高点区域,意味着股价将进入一个新的区间,我们需要重新计算未来的潜在的高点区域,以把握后续的走势,做到心中有数。

如图 5-24 所示,这还是东方财富(300059)的后续走势图,只不过在这幅图里我们将重新计算,并将计算后的高点再次标注在图上。按照第 4 章内容

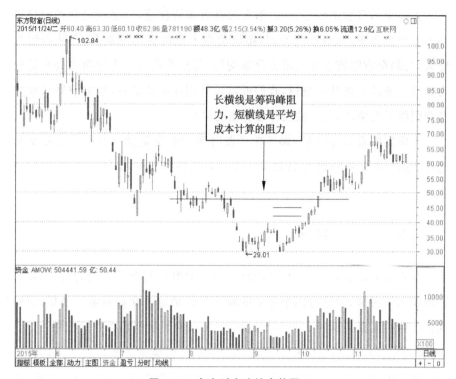

图 5-23　东方财富连续走势图 1

里面介绍的计算方法,当股价突破我们计算好的潜在区域后,我们按照平均成本给出的数值,按25％、30％的空间等比再翻一倍,以此作为新的潜在的高点区域。

50％的空间:34.76＋34.76×50％＝52.14元;

60％的空间:34.76＋34.76×60％＝55.62元。

通过计算,我们得出了新的潜在区域,并用横线的方式在图上标注出来。需要说明一下,由于计算机系统的原因,我们有时画出的线段与计算出的价位会存在一点儿偏差,这一点请读者在阅读时注意。感兴趣的读者可以依据价位,自行在证券软件上画出线段,这样可以帮助我们更好地理解书中的内容。

这一幅图很重要,大家可以看到,在我们重新计算的高点区域,股价运行到此处发生了剧烈的震荡,股价摇摇欲坠,给人的感觉就像是在盘头一样,此处反映出了主力临盘犹豫不决的心态。但随后,主力再次坚定信心,用长阳继续拔高,将股价又推到了一个新的高度。

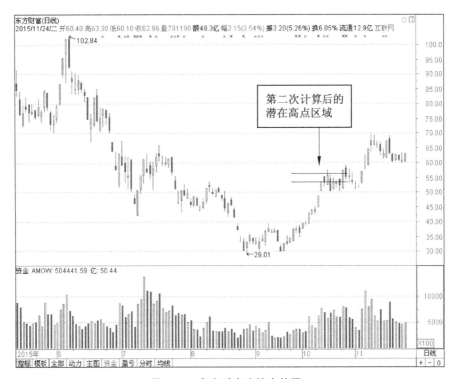

图 5-24　东方财富连续走势图 2

主力的动作再次将我们的计划打乱。尽管股价的上涨让我们的利润进一步放大,但在一个更高的高度,我们的风险也在不断地加大。现在需要做的,就是再次计算股价潜在的高点区域,以此确保我们的利润不会被突如其来的下跌侵蚀。毕竟,在股价已经翻倍的前提下,主力的任何动作都是可以理解的。

如图 5-25 所示,这是东方财富(300059)的终极走势图。我们按照 25% 和 30% 的空间高度,向上翻两倍进行计算。

75% 的空间:34.76＋34.76×75%＝60.83 元;

90% 的空间:34.76＋34.76×90%＝66.04 元。

空间幅度计算好后,我们将计算的结果用横线的方式再次标注在图上。

我们看到在第三次计算出的潜在高点区域,股价冲高到这个位置后(这里主要是90%的空间高度)量能开始不济,说明向上的动能开始衰竭。我们在这里没有标注筹码图,但如果大家自己看,就会看到,此时获利比例已经高达94.7%。从我们选股时的34.76元到第三次高点的66.04元,东方财富这只股票的确带给了我们巨大的财富。如果把握得好,这一个波段获利幅度接近翻倍。

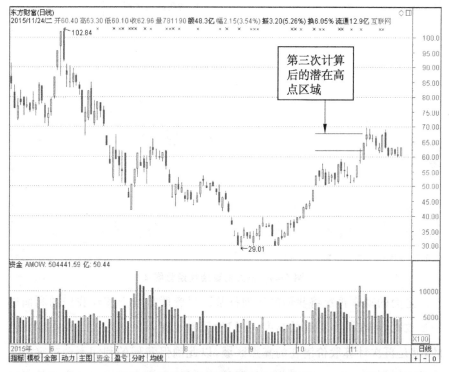

图 5-25　东方财富连续走势图 3

看过了东方财富的终极走势,下面我们再看看拓维信息的后续表演,并将它的走势与东方财富进行比较,验证我们的选股结果。

如图 5-26 所示,这是拓维信息(002261)的后续走势图。与东方财富一样,我们还是按照筹码验证中计算出的阻力位置,以及套牢盘筹码峰的位置,在图上用长、短横线的方式将这些阻力标出来,其中筹码峰的阻力用长横线表示,依据平均成本计算出的潜在阻力用短横线表示。将这些阻力用线段在图上标注后,我们看看股价在这些地方会有什么样的变化。股价在到达我们计算的潜在高点区域后表现得很强势,没有丝毫的犹豫,直接用涨停板的方式,而且还是以最强的一字涨停板突破了这一区域。看到这里我们可能还以为股价会继续高歌猛进,但遗憾的是,当股价在到达上方长横线的位置,也就是套牢盘筹码峰所在的价位时,股价开始震荡。这说明该股上方的套牢筹码确实对股价的运行造成了压力。幸运的是,在经过震荡后股价最终企稳,主力再次发动行情,继续向上拓展空间。

既然主力突破了我们设定的阻力,表现出了强势的状态,我们就要跟随主力的脚步,继续扩大我们的利润。但在收获丰硕成果的同时,我们还是要像东方财富那样,第二次计算潜在的高点区域。

图 5-26　拓维信息连续走势图 1

我们接着往下看。

如图 5-27 所示,这是拓维信息(002261)的终极走势图。在股价突破了我们第一次计算后的区域时,我们采用同样的方法,用翻倍的空间第二次计算潜在的高点,并在图上用横线标注出来。

50%的空间:25.60+25.60×50%=38.40元;

60%的空间:25.60+25.60×60%=40.96元。

图 5-27　拓维信息连续走势图 2

我们看到股价在到达第二次计算后的潜在高点区域时,特别是在到达60%的空间后,股价开始犹豫,量能开始萎缩,阴线开始增多,这都是股价开始走弱的迹象,显示主力的筹码开始松动了。在构建了一个小幅的平台后,主力开始让股价回落。

从我们选股时的价位 25.60 元开始,到第二次计算后的潜在区域高点 40.96 元见顶回落,拓维信息股价的上涨幅度达到 60%,虽然涨幅不小,但相比东方财富接近翻倍的涨幅,还是相距甚远。从细节上观察,东方财富经历了三次计算的过程,说明股价上冲力度很大,主力拉升坚决。而拓维信息的股价仅经历两次计算过程就见顶回落,说明上方阻力确实很大,制约了主力的拉升空间。之所以会有这样的局面发生,其根源还在于两只股票在底部时的表现不一样,这一点,我们通过四个验证环节看得清清楚楚。

每一个环节都是东方财富得分,看似微不足道,但点滴的优势汇聚在一起,就会形成足以影响后续走势的客观条件。东方财富比拓维信息走得好,或许就是这些点滴优势造成的结果。

两只股票最终的走势结果我们已经看到了。从结果往前倒推,可以认为我们选股时的判断,以及四个环节的验证是有一定的依据的。股票的强弱从这些细节中慢慢突显出来,共同构成我们最终的选股决策,并指导我们在进场后能够在适当的高位落袋为安,锁定利润,全身而退。如果我们能够将选股、进场、退出这一系列环节完整地做好,相信每一次操作都会带给我们理想的收获。

按理来说,关于如何选股,以及在选股后如何有效进行验证的内容我们介绍到这里就足够了。如果大家对软件的功能完全了解,那么叠加对比的操作其实是很简单的;如果大家能够熟练掌握这些内容,那么按内容循序渐进地进行足可让投资人选出好股了。只是为了回馈大家的热情,在本章的结尾,我们再为大家加上一点儿实战的内容,那就是个股在获利后如何简单地退出。

我们选股时一切的起源都来自对比,其实对比不但可以帮助我们选出好股,还可以让我们在恰当的时点安全地退出。我们选股的依据是"强",指数选强的,板块选强的,个股选强的,但"强"与"弱"是相对的,当这种"强"不再能够延续时,它就会演变成一种"弱",这个时候我们就该退出了。

如图 5-28 所示,这是东方财富与互联网行业和创业板指数的叠加对比图。红色线条代表东方财富,灰色线条代表创业板指数,棕色线条代表互联网行业板块。从图中可以看到,股价在来到我们第三次计算的高点区域时开始显露出疲态,并随后跌落在互联网行业板块线的下方。当初选择东方财富,就是因为它是板块内所有股票里面表现最强的,现在它逐渐落后于板块,我们就知道,东方财富已经完成了它由强到弱的一个过程,开始谢幕了。我们也要在这一刻选择退出。

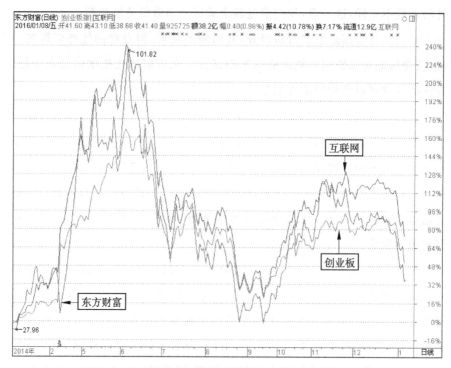

图 5-28 东方财富与互联网行业和创业板指数叠加对比图

操作证券市场有句谚语"看对不如做对",即便我们选出了好股,最后的核心依然会落在具体的操作上,而这个核心就是筹码。从筹码低位的单峰密集到利用筹码分布图中的平均成本计算未来的高度,筹码分布的知识始终贯穿在操作当中,并一路指导我们从选股到进场,再到最后的安全退出,可谓无处不在。

本章的内容力求从一个全新的选股思路出发,为读者展现一个全新的选股技巧,希望大家阅读后能有所体会,并对大家有所帮助,这也是我们殷切的希望。